# 看哪这人

## 尼采自述

[德] 弗里德里希·尼采————著

张念东 凌素心————译

**图书在版编目(CIP)数据**

看哪这人：尼采自述/(德)弗里德里希·尼采著；张念东，凌素心译.—北京：中央编译出版社，2024.3
ISBN 978-7-5117-4624-5

Ⅰ.①看… Ⅱ.①弗… ②张… ③凌… Ⅲ.①尼采(Nietzsche, Friedrich Wilhelm 1844—1900) – 自传 Ⅳ.① B516.47

中国国家版本馆 CIP 数据核字(2024)第 027950 号

**看哪这人：尼采自述**

| 选题策划 | 张远航 | |
|---|---|---|
| 责任编辑 | 郑菲菲 | |
| 责任印制 | 李 颖 | |
| 出版发行 | 中央编译出版社 | |
| 网 址 | www.cctpcm.com | |
| 地 址 | 北京市海淀区北四环西路 69 号 (100080) | |
| 电 话 | (010)55627391(总编室) | (010)55627392(编辑室) |
| | (010)55627320(发行部) | (010)55627377(新技术部) |
| 经 销 | 全国新华书店 | |
| 印 刷 | 北京盛通印刷股份有限公司 | |
| 开 本 | 880 毫米 × 1230 毫米 1/64 | |
| 字 数 | 91 千字 | |
| 印 张 | 3.875 | |
| 版 次 | 2024 年 3 月第 1 版 | |
| 印 次 | 2024 年 3 月第 1 次印刷 | |
| 定 价 | 44.00 元 | |

新浪微博：@中央编译出版社　　　微　信：中央编译出版社(ID：cctphome)
淘宝店铺：中央编译出版社直销店(http://shop108367160.taobao.com) (010)55627331

**本社常年法律顾问：北京市吴栾赵阎律师事务所律师　闫军　梁勤**
凡有印装质量问题，本社负责调换。电话：(010)55627320

# 目　录

我为什么这样智慧　　　　　　　　　/ 1
我为什么这样聪明　　　　　　　　　/ 29
我为什么写出了这样的好书　　　　　/ 71
《悲剧的诞生》　　　　　　　　　　/ 93
《不合时宜的思想》　　　　　　　　/ 107
《人情味的，太人情味的》
　　及其两个续篇　　　　　　　　　/ 119
《朝霞》
　　——论道德即是偏见　　　　　　/ 135
《快乐的科学》　　　　　　　　　　/ 143

《查拉图斯特拉如是说》
  ——一本写给所有人的书，
    也是无人能读的书   / 149

《超善恶》
  ——未来哲学序曲   / 181

《道德谱系》
  ——未来哲学序曲   / 187

《偶像的黄昏》
  ——怎样用锤子进行哲学阐述   / 191

《瓦格纳事件》
  ——一个音乐家的问题   / 199

为什么我是命运   / 215

尼采年表   / 234

《尼采后期思想文集》跋语   / 242

# 我为什么这样智慧

一

我生活的幸福和它举世无双的特性也许是命中注定的：因为，如果用句微妙的话来说，假如我是我的父亲，那早已死掉了；假如我是我的母亲，那我仍然活着，并且一年老似一年。这双重根源，好像来自生命阶梯最高的一级和最低的一级，既是没落，也是新生——这些，如果有某种意义的话，说明了同生命总体相关联的、异乎寻常的中立性和自由性，这使我脱颖超群。我对兴衰征象有一般人所不及的敏感，我尤其是这方面的行家——我通晓这两个方面，因为我就是这两个方面。我父亲36岁就死了：他文弱可亲而多病，就像一个注定短命的人——与其说他是生命本身，倒不如说是对生命的亲切回忆。在我父亲生命衰老之年，我的生命也开始衰老了。在36岁那一年，我的生命力降到了最低点——我仍然活着，但我看不清三步以外的东西。那时——1879年——我辞去了巴塞尔的教授职务，整个夏天像幽灵一样住在圣摩里茨，像幽灵一样在瑙姆堡度过了第二年冬天，我生命中最最黯淡无光的日子。那是我生命的低潮，《漫游者及其影子》就是这个时期的作品。无疑，那时我把自己看成了幽灵……第二年冬天，也就是我住在热那亚的第一个冬天，伴随着极度虚弱而来的愉快和灵性几乎促成了《朝霞》的问世。这本书反映出的精神上的完全开朗和明快乃至旺盛，不仅与我身上极度的心理衰弱合拍，而且甚至与极度的痛楚一致。连续三天三夜的头痛和痰阻的折磨——我甚至具有了辩证学者的清醒头脑，并且极其冷静地思考了许多问题，而在我比较健康的情况下，我的思想反而不够缜密，不够细心,不够冷静了。我的读者也许知道,我是如何把辩证法视为颓废征象的,譬如最著名的例子,即苏格拉底[①]。——对理智的一切病态的干扰,尤其因发烧引起的半昏迷状态,对我来说至今都还是十分陌生的事情,要弄清它们的性质和频率,我还得请教书本才行。我的血液流动缓慢。谁也没有在我身上找出发烧迹象的本事。有位医生把我当精神病治疗过很长的时间,他最后说:"不!您的精神没有问题,倒是我本人神经质。"某种局部的蜕变当然无法证明。尽管重度的消化系统衰弱引起了胃部全面的衰竭,可是查不出胃的器质性病变。我的眼疾也是如此,虽然随时都有失明的危险,这也仅仅是后果,而非原因,以致哪怕生命力有稍许的增长,也会重新导致视力的增进。——漫长的岁月在我身上

---

[①] 苏格拉底(前469—前399年),古希腊哲学家、思想家。——译者注

的消逝就意味着康复——很遗憾，它同时也意味着旧病复发、恶化，一种颓废的周期。无论如何，我对颓废问题是内行的，这还需要多说吗？我对此了如指掌。甚至那种领悟和理解的精巧技艺，那种有敏锐感的触觉，那种"明察秋毫"的心理，以及我所掌握的其他所有技能，都是在那时学会的，这是那个时代——万物（无论是观察本身，还是观察器官）在我心中都变得精微化的时代——的馈赠。从病人的角度去看较为健全的概念，反过来，从丰富生命的充盈和自信来俯视颓废本能的隐蔽活动——这就是我经受的为时最长的训练，即独到的经验，假如说我在某个方面有所专长的话。现在，我对此得心应手了，我有一双颠倒乾坤的手：这也许就是为什么唯有我才能"重估一切价值"的首要原因。

## 二

总而言之,我既是个颓废者,也是其对立物。明证之一就是,我对逆境总是本能地择优而适,而本来的颓废者却总是采取于己不利的办法。就总体而言,我是健全的;就局部而言,我才是颓废者。绝对的孤独化和摆脱惯常联系的能力,自我强制,戕贼自身,拒不就医——这一切都流露出我当时对必做之事的坚定绝对本能。我牢牢把握自身,我搞的是自我康复,任何心理学家都得承认先决条件——这人在本质方面应是健康的。一个典型病态的人是没有办法康复的,更谈不上自我康复了;反之,对于一个典型的健康的人来说,病患甚至可以成为生命的特效兴奋剂,成为促使生命旺盛的刺激物。实际上,这就是今天浮现在我眼前的漫长的病患岁月。我好像重新发现了生命,也发现了自我。我品验了一切美好乃至微不足道的东西,通常是轻易品验不到的——从自身要求健康、渴求生命的愿望出发,我创立了我的哲学……因此,我提请诸位注意:我生命力最低下之日,也就是我不再当悲观主义者之时。因为,自我再造的本能禁止我创立一种贫乏的和泄气的哲学……那么,我们到底凭什么去识别卓绝之人呢!一个卓绝的人会使我们产生赏心悦目之感。因为他是由一块既坚硬光润,又香气袭人的奇木雕琢成的。他只享受对他身心有益的东西,一旦超过这个尺度,他的欢愉,他的欲望也就戛然而止了。他发现了抗御损伤的良药,他善于化偶然之害为有益;凡是不把他置于死地的东西,都使他变得更坚强有力。他本能地汇集所见、所闻、所经历的一切,他就是总和。因为他就是遴选淘汰的原则,他滤掉了许多东西。无论是看书、处人,或是欣赏景物,他胸中自有定见。因为凡是经他选中、认可的东西,他便给予尊重。他对各种刺激反应迟缓,慢条斯理,这是长期的谨慎和有意的高傲造成的——他去体验迫切的刺激,他避而远之。他既不相信"厄运",也不相信"过失";他能对付自己,也能对付别人;他懂得忘却;——他坚强到足以使一切都不可避免地变为使自身得到最大利益的东西。——那好吧!我是颓废者的对立物,因为我方才所讲的正是夫子自道。

## 三

这种双重经验,这种能同表面上彼此隔绝的世界左右逢源的能力,反映在我的本能的各个方面——我是双重人格的人,除第一副面孔外,我还有第二副。而且也许还有第三副……从我的来历来看,我具有超越一切仅仅局限于地域、民族的眼光。做个"善良的欧洲人",这对我来说是毫不费力的事。另外,我也许比现在的德国人,纯帝国时代的德国人更像德国人——我，我是最后一个反政治的德国人。可我的祖先是波兰贵族。因此，我的肉体具有许多种族本能，谁知道呢？甚至还有自由否决权。我想起，旅途遇到的人都说我是波兰人，连波兰人也这么说。当想起很少有人把我当德国人时，我真好像属于那些似是而非的德国人了。但是，我的母亲弗兰西斯卡·奥勒尔无论怎么说都是地道的德国人；同样，我的祖母埃尔特姆泰·克劳泽也是地道的德国人。祖母的青年时代是在古老而美丽的魏玛度过的，她同歌德的圈子不无关系。她的兄弟，柯尼斯堡神学教授克劳泽，在赫尔德[①]死后应召担任魏玛宫廷总监。她的母亲，我的曾祖母，曾以"姆特根"之名载于青年歌德[②]的

---

[①] 约翰·哥特弗里德·赫尔德(1744—1803)，德国哲学家、作家和文艺理论家。18世纪德国启蒙时代的代表人物之一，"狂飙运动"的创始者之一。——译者注

[②] 歌德(1749—1832)，德国著名诗人、剧作家，思想家，著有《少年维特的烦恼》、《浮士德》和《诗与真》等。——译者注

日记，这样的事并不是不可能的。她的再婚丈夫就是爱伦堡的总监尼采；1813年10月10日，即拿破仑①同他的总参谋部进驻爱伦堡的那伟大战争岁月的一天，她生下了一个男孩。她虽然是萨克森人，却是拿破仑的热烈崇拜者。倒也可以说，我也是如此。我的父亲生于1813年，死于1849年。在他出任靠近吕岑不远的洛肯②教区牧师职务以前，在阿尔滕堡宫廷待过几年，曾任阿尔滕堡四位公主的家庭教师。她们是汉诺威王后、康士坦丁女大侯爵、奥尔登堡女大公爵和萨克森-阿尔滕堡的泰莱莎公主。他深深地崇敬普鲁士国王弗里德里希·威廉四世，他的牧师教职也是这位国王恩准的。1848年的事件使他对民众感到心灰意冷。我本人正是在

---

① 拿破仑(1769—1821)，法国著名政治家和军事家，法兰西第一帝国的皇帝。——译者注

② 洛肯镇是尼采的诞生地，位于德国哈雷地区，距瑙姆堡不远。——译者注

这位国王的生日,即10月15日降生的,因此很自然地便给我取了霍亨索伦皇族的名字弗里德里希·威廉。总而言之,选择这个名字使我占了便宜,因为在我的童年时代,我的生日就是举国欢庆的吉日良辰。——我以有这样一位父亲而感到有无上的特权:我甚至觉得,这样一来,我平时在特权方面具有的一切就都得到了解释——生命,对生命的伟大肯定不在此列。首先,对我来说并不需要具备任何生命的意图,而是需要一种单纯的期待,就会身不由己地跻身于高尚而精美的世界:我在那里会有宾至如归之感,只有在那里,心灵深处的热情才会变得自由。我为了取得这种特权几乎付出了生命的代价,但这的确不是亏本买卖。——但凡想要从我的《查拉图斯特拉如是说》一书中悟出些什么东西的人,也许要置身于与我相似的境地:把一只脚踏在生命的彼岸……

# 四

即使我觉得最值得激起敌意的时候，我也根本不了解这种艺术，——这要归功于我那无与伦比的父亲。不管看上去我是多么非基督教化，我从来也没有激起过他人的恶感，纵观我的一生，很少发现(说到底只有一次)他人对我怀有恶意——不过，也许倒会发现太多的迹象……就是那些到处令人讨厌的人，我的经验也无例外地博得他们的好感；我会驯化任何野兽，我还会化腐朽为神奇。在巴塞尔讲授高年级希腊文的七年中，我从未借故惩罚过学生；在我的班上，连最懒惰的学生也变得用功了。我对偶然事件应付自如。我必须从容不迫，以便达到自制的目的。不论是什么乐器，也不论它的声响多么不协调，譬如"人"这种令人败兴的乐器——假如我真的不能用它奏出动听的乐章，那我想必是生病了。这些乐器本身经常告诉我,它们简直从未发出过这样的声响……最妙不可言的也许就算那位夭折了的亨利希·冯·施泰因①了。这个人在得到审慎的许可之后,一度在西尔斯-玛利亚②露了三天面,人人都说他不是为恩加丁的缘故才来的。这位优秀的人以其普鲁士容克的全部激烈的天真深陷在瓦格纳③的泥淖中(此外还有杜林④的泥淖)!这三天中,他就像受到一阵风暴的感召,骤然乘风直上,振翼高翔。我总是对他说,这

---

① 亨利希·冯·施泰因(1857—1887),男爵,瓦格纳的家庭教师。——译者注

② 西尔斯-玛利亚,位于瑞士上恩加丁的西尔斯湖北端,尼采旧居即设在此处。——译者注

③ 理查德·瓦格纳(1813—1883),德国著名作曲家、歌剧大师。倡导歌剧改革,扩大了交响乐在歌剧中的表现范围。歌剧内容多取材于古代英雄传说,气魄宏大,歌颂超人,渲染悲剧和宗教神秘。代表作有:《黎恩济》《漂泊的荷兰人》《汤毫舍》《罗恩格林》《特里斯坦和伊索尔德》《纽伦堡名歌手》《尼伯龙根的指环》《帕西法尔》等。——译者注

④ 卡尔·欧根·杜林(1833—1921),德国折中主义哲学家和社会经济学家。——译者注

是高山空气的作用，谁都会有这种感觉的——因为他的立足点比拜罗伊特[①]还高6000英尺[②]，这不是徒然之举——可是，他硬是不相信我的话……尽管如此，假如有人对我搞点小动作和大的恶作剧，那原因并非是"故意"，起码也不是恶意造成的。正像我说过的一样，使我抱怨的毋宁说是善意，那种给我的生命带来不小祸害的善意。我的经验使我怀疑一切所谓"忘我的"冲动，怀疑助人为乐的"博爱"。在我看来，这是虚弱的表现，是没有能力反抗刺激的典型——同情只有在颓废者身上才算得上美德。我之所以谴责怜悯者，是因为他们会轻易失去对距离观的羞耻感、敬畏感和敏锐感。因为同情转瞬之间就会散发出庸众的臭气，并且

---

① 拜罗伊特，位于德国巴伐利亚的上法兰肯，著名的瓦格纳年度音乐节举行地。瓦格纳曾寓居于此地的万弗里德。——译者注

② 1英尺约等于0.3米。——译者注

同恶劣的举止近似——这种悲天悯人之举有可能灾难性地卷入一种生死攸关的命运,一种痛楚的孤独,一种对深重罪孽的特权。我认为,抛弃怜悯之心也可算作高贵的美德。我在《查拉图斯特拉如是说》[①]中,勾画出了这样一种境遇:一声凄厉的呼号传入查拉图斯特拉的耳朵,怜悯之心就像临终的罪孽一样向他袭来,想叫他背弃自我。在这种情况下仍然保持自制,保持其高尚使命的纯洁性,不受下作的和过于近视的、以所谓忘我活动为营生的动机的干扰。这就是作为查拉图斯特拉这样的人所经受的考验,也许是最后的考验——也就是他对力的真正的证明……

---

① 见《查拉图斯特拉如是说》第 4 部分第 2 章。——译者注

# 五

在另一方面，我也酷似我的父亲，而且简直就像他那过早谢世的生命的延续。正如每个生活在极特殊的环境和对"报复"这个概念就像对"平等权利"一样茫然的人一样，在我最初遇到零星的，或十分严重的愚蠢行为时，我抛弃了一切保护手段、任何安全措施。——这样做是多么合情合理啊！也不需要任何辩解、任何"剖白"。我的报复方式是尽可能迅速地以明智的举动来对付愚蠢行为，这样也许会坐收因祸得福之效。打个比方说：为了摆脱对酸味的敏感，我会吞下一罐果酱……有人寻衅捉弄我，他肯定知道我怎样报复：不久以后，我就会找到向"恶作剧肇事者"表示谢意的机会（甚至对恶作剧表示谢意）——或者向他要求某些东西，这比给予更有用……我还觉得，最粗俗的语言，最粗俗的信件要比沉默更温文，更正派。那些缄默不语的人差不多总是缺乏内心的雅致和温馨；沉默就是反抗，囫囵下咽肯定要养成坏脾气，甚至会倒胃口。一切沉默不语的人都有消化不良的毛病。——你可以看到，我没有小看粗俗的意思。——粗俗是很富于人情味的反抗形式，在现代柔弱化风行的今天，它是我们最重要的美德之一。——假如一个人粗俗不堪，就算无理也堪称幸福。一个来到尘世的上帝甚至有权行无理之事——唯有担当过失不受责罚的人，才称得上有神性味。

# 六

摆脱怨恨，理解怨恨。有谁知道，在这方面我要怎么由衷感谢我长期的疾患哟！问题确实不那么简单：因为，人们得从力和虚弱出发实际体验才行。假如非要使用某种手段来对付病人和弱者的症状，那么，病人和弱者身上的自愈力即人体的抵抗力和自卫本能就会退化。人们就不知道该避开什么，也不知道该完成什么，更不知道该抛弃什么——随便什么都可以伤害他。人事纠葛不清，经验过于深奥，记忆像化脓的烂疮。病患即是怨恨的本身。——对患者只有一剂良药可用——我称之为俄国式的宿命论，那种不反抗的宿命论。有个俄国士兵认为军旅生活太艰苦，就使出上面这种看家本领，最后躺在雪地上，不再接受任何东西，不吃不喝——变得全无一点反应……这种宿命论的伟大理智不总是慷慨赴死的勇气。在性命攸关的危急时刻当成保命的方法，这等于降低新陈代谢，这一过程的减缓就是一种要冬眠的意志。按照这个逻辑再前进几步，就是人们通常说的苦行僧了，这种人会在墓穴中睡上几个礼拜的……假如人们凡事都要做出反应，便很快会累垮，结果就事事没有反应了。这就是逻辑。没有任何东西比怨恨的冲动更能消耗人的精力了。气恼，病态的多愁善感，无力报复，复仇的渴望，各式各样的混合毒品——对于一个精疲力竭的人来说，显然都是最不利的反应方式，因为它是对神经活动的快速消耗，一种对有害消耗的病态增长，譬如胆汁流入胃中，这是有条件的。怨恨本身是病人所忌——是病人的冤家，很遗憾，又是病人最自然的癖好。——那位渊深的心理学家，佛祖释迦牟尼，最精于此道。他的"宗教"，为了避免把它同基督教般的可怜物相混淆，我们最好称之为摄生学。这门学问生效的程度取决于克制怨恨的程度。让心灵摆脱怨恨——这是走向康复的第一步。"冤冤相报，了无终止；以德报怨，怨恨斯已"：这是佛祖教义的开篇——这不是道德的主张，而是生理学的主张。由虚弱造成的怨恨对弱者自身的危害最大——换一种情况，对精力充沛的人来说，怨恨就是多余的情感，对怨恨的克制甚至就是精力充沛的证明。我的哲学已经向复仇感和怨恨感宣战，甚至进击到"自由意志"学说的领域了——向基督教宣战，这不过是由此产生的一种个别现象而已——了解了这种庄重严肃心理的人就会明白，我为什么偏要在这里剖白个人的态度，即我在实践中的本能的坚定性。在颓唐时，我不允许自己产生这些有害的情感；一旦生命得到充分恢复，精力充沛，趾高气扬，我仍旧要压制这种情感。我在上文提到的"俄国式的宿命论"在我身上的表现方式是这样的，即我长年苦守在偶然出现的不堪忍受的环境、地点、居所和社交。这比改变它们要好些，比感觉它们要好些，比奋起反抗它们要好些……那时，凡是来打扰我奉行这种宿命论的，粗暴地唤醒我的，我都认为是大逆不道——实际上，不论哪一次都有生命危险。——把自身视为天命所归，无意"改变自身"——这即是处在这类状态下的伟大理性。

# 七

另一件事就是战争。就我的本性来说，我是好战的。进攻，这是我的本能之一。有与人为敌的能力，做仇人——这需要以坚定的天性为前提。总之，凡是强大的天性都具有这种能力。这种天性离不开反抗，因而它寻求反抗：侵略性的激情同样属于强者，正如复仇感和怨恨感必然是弱者的属性一样。譬如，女人是好报复的。因为她的软弱决定了这一点，正像她易受他人受难的刺激一样。——进攻者的力量在于他离不开敌对的关系，这是测定进攻者的尺度；力量的任何增长，都在寻求劲敌中显示出来——或者通过课题。因为一个好战的哲学家也要向课题挑战、决斗。他的使命不是克服一般的反抗，而是要战胜那些需要倾尽全力、韧性和武艺才能制服的人——战胜实力相当的对手……势均力敌——这是诚实的决斗的首要条件。要是不把对手放在眼里，那就打不起来。假如我成了主宰，我视某人不如自己，就不去请求交手。——我的战争实践可概括为四大原则：一、我只打战绩卓著的人——假如有可能，我会等待，直到他们成为胜者时再战；二、我只在找不到盟友、孤立无援、引火烧身的时候才向敌人发起进攻……我绝不公开采取不连累自身的步骤，这就是我的正当行为的准则；三、我不搞人身攻击。我把个人当作放大镜，用以窥见鬼鬼祟祟的、一般难以把握的窘态。我攻击大卫·施特劳斯① 用的就是这种方法。确切地说，我攻击的是一本在德国"教育界"颇有名气的老朽之作——我当场揭穿了这种教化的鬼把戏……我这样攻击过瓦格纳，确切地说，是

---

① 大卫·施特劳斯(1808—1874)，德国神学政论作家、基督教历史原理评论家。这里指的攻击参见《不合时宜的思想》第 1 部分《表白者和作家大卫·施特劳斯》。——译者注

攻击了虚伪，攻击了我们良莠不分、伟大与颓废混杂的杂种文化本能；四、我只攻击排除了个性差异的、在任何情况下都没有过反面经验的事物。诚然，在我看来，攻击是嘉许的证明，有时也是感激的证明。我把我的名字同某人某事相联系，用以表示对人的尊敬和褒奖。赞许或反对——在我看来都是一样。假如我对基督教宣战，那我有权这样做，因为我还没有在这方面经历过灾难和挫折——严肃的基督徒们总是对我表示友善。我本人是基督教的死敌，我不主张把那数千年的厄运加在个人头上。

# 八

　　我可以再指出自己天性的最后一个特点吗？因为它使我很难同他人交往。我对洁净本能有一种完全不可思议的敏感，因此我有本事用生理学的方法感知到、嗅到邻近的地方，叫我怎么说呢，最内在的地方，嗅到每个人的灵魂"深处"……我靠着这种敏感性生出了心理学的触角，借以探知和掌握一切秘密。有些人隐藏在心底的很多污垢，也许是卑劣血统决定的、经后天教育粉饰过的污垢，经我一触便知分晓。假如我的观察正确，那么，这些忍受不了我的洁净感的人，在他们的一方，也会感到我来自厌恶心理的谨慎。因为，这些人的气味并不因此而变得更加芳香……极端的洁净感，这是我赖以生存的先决条件。环境不洁净我会死的。——我的习惯由来已久，我在清澈的水中，在一种全然透明的元素中不停地游泳、沐浴、嬉戏。这种洁癖使我在交往中经受了不少对耐性的考验。我的人情味不表现为同情，而是能够忍耐我对别人的同情……我的人情味是一种持久的自我克制。——但是，我离不开孤独，我要说的是康复，返回自我，呼吸自由的、轻松的、令人振奋的空气……我整本的《查拉图斯特拉如是说》就是一首盛赞孤独的酒后狂歌，或者，假如人们明白了我的意思的话，这是一首赞美洁净的歌……多亏不是赞颂纯净的傻瓜①——富于色彩感的人会把查拉图斯特拉视为金刚宝石。——对人的厌恶，对"庸众"的厌恶始终是我最大的危险……你们愿意听听查拉图斯特拉关于厌恶感的论述吗？

我发生了什么事？我怎么才能摆脱厌恶感？谁使我的眼睛返老还童？我怎么才能飞升高阜，在那里再见不到庸众？

我的厌恶感已经使我新添了羽翼，并且赋予了我预测泉源的能力了吗？真的，我必须飞升到极顶，以再现快活之泉！——

啊，我的兄弟们呀！极顶之上为我喷涌着快活之泉！

---

① 瓦格纳歌剧《帕西法尔》中的一个角色，代表苦恼之心的儿子，单纯、天真，但是个傻瓜。——译者注

那里有一个生命，在他身边没有庸众与之同泉共饮！快活之泉，你几乎是过于猛烈地为我喷涌！因为你想斟满酒杯，所以你一再倾杯。

而我要学会更谦虚地接近你，因为我的心为你何等沸腾：

——我的心，燃烧着我的夏天的心哟！这短暂的、炎热的、郁闷的、欣喜若狂的夏天哟！我这颗盛夏般的心是多么渴望你的清凉！

我的春天般的迟疑的沮丧过去了！我六月的邪恶的雪花飞去了！我已经完全变成了夏日和夏日的炎午！

极顶上的夏天，有冷泉和悦心的静谧陪伴。啊，来吧！朋友们！快把你们清澈的目光投向我的快活之泉吧！泉怎能因之而变得混浊呢？它应该以自身的洁净笑脸迎接你们。

用未来之树建筑我们的巢穴；叫雄鹰用它们的喙为我们这些孤独的人衔来食物！

实在说，就不该有可供不洁者分享的食物！他们倒应该去食火，烧掉自己的嘴巴！

实在说，我们这里没有为不洁者准备的住所！把他们的肉体和精神安置在冰窖里，这可称得上是我们的幸福！

我们要像疾风一般掠空而过，与雄鹰为邻，与白云做伴，与太阳为友。疾风就这样地劲吹。

我希望有朝一日像阵清风在他们中间吹过，并且用我的精神窒息他们的精神。这就是我的未来盘算的事情。

其实，对一切低贱者来说，查拉图斯特拉就是一阵疾风，他告诫自己的敌人和一切吐唾的生物：尔等小心了，不要迎风而唾！①

---

① 见《查拉图斯特拉如是说》第 2 部分第 6 章。——译者注

# 我为什么这样聪明

一

为什么我知道的比别人多？我究竟为什么这样聪明？我从来没有想过那些不称其为问题的问题——我从未浪费过我的精力。——譬如，从经验中我不知宗教的特殊难题。我也全然不知我为什么是"有罪的"。同样，我也没有用来测度良心发现的可靠标准。据闻，对我来说，良心的发现似乎并不值得重视……我不想抛弃后来的行动，我偏好从价值问题出发，原则上避开恶果和后果。在出现恶果时，人们极易失去观察行为的正确眼光。在我看来，内疚乃是"邪恶的眼光"。失算的东西，正因为它已经失算，所以更应该坚持对它的尊重才是——毋宁说这更切合我的道德观。——"上帝""灵魂不死""拯救""彼岸",这些东西都属于概念,我可没有为它们浪费过时间。儿童时代就是这样——也许我对此从未有过孩子气?——我根本不知道作为结果的无神论,更不知道作为事件的无神论。因为,出于我的本能,无神论是不言自明的。我过于好奇,过于怀疑,过于傲慢,所以粗浅的答案无法使我满意。上帝,这就是个粗浅的回答,对我们这些思想家来说是一种不高明的解答。从根本上说,上帝对我只不过是一道粗鲁的禁令:你们不应该思考!……另一个问题却使我产生十分异样的兴趣。"拯救人类",这与其说取决于神学的奇迹,不如说取决于营养问题。为方便起见,我们可以这样叙述它:"为了达到最大限度的力,即文艺复兴时期的技能和脱离虚伪道德的美德,你应如何滋养身体?"我在这方面的经验简直糟糕极了。使我感到诧异的是觉悟太迟了!这么迟才由这些经验中悟出了"理性"。唯有我们德国一文不值的教养——一文不值的"理想主义"——才使我在一定程度上明白了,我为什么恰恰在这方面落伍到了极点。这种"教养"从一开始就教诲我们闭眼不看现实,一心追求那些成问题的所谓"理想的"目标。譬如追求"古典的教养"——就好像这种教养不是从一开始就注定要把"古典的"和"德国的"纳入一个概念似的!不仅如此,——这似有点滑稽——假如你一旦要设想出一位有"古典文化教养的"莱比锡人的话!——其实,直到我长大成人,我的饮食都很差——用道德家的话来说,即是"非个性的""忘我的""利他的",是为了厨师和基督教伙伴的健康长寿。譬如,出于莱比锡烹调的原因,同时也由于我对叔本华[①]的初步研究(1865年),使得我郑重其事地否定了"生命的意志"。以营养不良为目的,这也会伤及

---

① 阿尔都尔·叔本华(1788—1860),德国唯心主义哲学家,主张唯意志论、非理性主义和悲观主义。——译者注

脾胃——我看，上文提到的烹调就可以顺利地、奇迹般地解决这个问题。(据说，1866年有所改变)可德国的一般烹调呢——难道它不要对一切坑人害命的事负些责任吗？！餐前汤(早在16世纪威尼斯食谱就已按照德国的叫法称之为alla tedesca了)，煮得淡而无味的肉，脂肪和面粉合煮的蔬菜，像砖头一样硬的面食！假如人们考虑到古代人粗野的仿效之需(确实不单古代德国人有此需要)，那么，人们也就会明白德国精神的来历了——来自令人沮丧的内脏……德国精神就是消化不良症，它什么也消化不了。——不过，即使英国式的医嘱饮食，同样有悖于我的本能，同德国式乃至法国式的相比乃是"返回自然"，也就是返回同类相残的状态。我看，这种饮食也会使精神寸步难行——英国女人的脚……最好的烹调要数皮埃蒙特[①]人的。——我不会喝酒，只要一杯葡萄酒或啤酒

---

① 皮埃蒙特(Piemonte)，意大利北部省份，首府都灵。——译者注

下肚,就足以把我一天之内的生活变成"悲哀之谷"——我的敌人住在慕尼黑。假如说我的认识迟了一些,那我在儿童时代就有所体验了。那时我就认为饮酒和吸烟在最初不过是青年男子的虚荣心,后来才变成恶习。瑙姆堡①的葡萄酒也许要为这种苛刻的评判负责。相信酒会使人兴奋,这样我想必就应该是基督徒。我要说,我相信的正是我视为荒谬的东西。更奇怪的是,少量的冲淡了的烧酒竟会引起心烦意乱。但如果是烈酒,我竟会像水手般地开怀畅饮。甚至当我还是孩子的时候,就表现出这种勇敢精神。通宵不睡,用拉丁文撰写和誊抄冗长的论文,以笔下的争强好胜,效法我的楷模萨鲁斯特②,用度数最高的掺水烈酒淋洒在我的拉丁

---

① 瑙姆堡,位于德国哈雷地区,尼采曾在这里的普福塔文科中学就读——译者注

② 萨鲁斯特(前86—前35年),罗马历史学家。——译者注

文作业上。当我还是著名的普福塔文科中学的学生时，我的心理并不与之完全矛盾，另外，也许同萨鲁斯特的心理也不矛盾。——尽管同著名的普福塔文科中学的名字不相称……后来，中年前后，当然对任何"精神性"饮料就彻底忌了口。我，作为从经验出发的反素食主义者，又能郑重其事地劝告一切比较有灵性的人戒酒，正像规劝过我的理查·瓦格纳一样。喝清水也能达到同样的目的……我特别喜爱随时随地都能汲取清泉的地方(尼查①、都灵、西尔斯)；我就像狗逐食一样渴求一杯清泉。真理寓于酒：看来，在这里，我关于真理的概念也同外界不一致——我这里，精神摇曳于水上……人们从我的道德论中还可以得到某些暗示。一顿美食要比一顿聊以果腹的饭食更易消化。我是说，整个胃部都发挥作用，这是保证消化良好的先决

---

① 尼查，意大利地名，位于都灵市西南方。——译者注

条件。人们应该了解自己胃的容量。出于同样的理由,奉劝诸君尽量不吃费时太长的饭食,我称之为不间断的牺牲节,包伙客饭上就有。——不喝咖啡,不吃茶点:咖啡使人沮丧。茶,只有早上喝才有裨益。量不要多,但要浓。假如茶比通常的淡,那是很有害的,会使人整日郁郁寡欢。这方面,在最紧密和最细小的界限之间,各人都有各人的标准。气候不相当的时节,早晨也不宜喝茶。餐前一小时,应叫人去冲一杯浓的去脂可可茶。——尽可能少坐;不要相信任何不是产生于户外、不是产生于自由运动的思想——因为在这种思想中筋肉得不到活动。一切成见皆源于五脏六腑。端坐不动——我已经说过——是真正违背神圣精神的罪过。

## 二

营养问题同地点和气候密切相关。谁也不

能随遇而安。凡是肩负伟大使命，而使命又需要他全力以赴的人，对这些条件的选择尤其严格。气候对新陈代谢的影响（使之延缓或加速）是相当大的，以致在选择地点和气候方面的任何失误不仅会使人与肩负的使命相异化，而且可能完全阻止其使命的完成。他根本无法正视这种使命。他身上永远不具备足够的动物性元气，以取得那种汹涌冲击最精神事物的自由。处于那种情况下，人就会认识到：唯有我能胜任此事……轻微的内脏惰性一旦成习，就足以使天才变得平庸，一种德国式的东西；德国气候本身足以使强壮的、富于英气的内脏意志消沉。新陈代谢的速度，是与精神步伐的轻快或迟滞成精确的比例的。的确，精神本身只不过是新陈代谢的一种形式。我们可以列举出曾经产生过，或正在产生人杰的地点：那里，诙谐、狡猾、阴险属于幸福的一部分；那里，天才必有宾至如归之感，他们大家都能呼吸干燥爽快的空气。巴黎、普罗旺斯①、佛罗伦萨、耶路撒冷、雅典——这些地名证明：天才都有赖于干燥的气候和晴朗的天空——即通过快速的新陈代谢，通过坚持不懈为自己获取无穷力量的可能性。我想起一个例子，一位具有伟大而自由心智的人，仅仅由于受气候的影响，缺少了自然本能，结果成了狭隘猥琐的专家和抑郁的人。假如，我不是因病被迫认识理性，思索现实中的理性，那么，我本人最终也会是这个下场。现在，我依靠长期的实践(就像依靠一架极其精密可靠的仪器一样)认识了气候和气象起源的影响，从都灵到米兰的短途旅行中，根据自我心理体验测出了空气湿度变化。我惊恐地想起一件可怕的事实，那就是，我的一生直至最

---

① 普罗旺，法国东南部的一个历史行省，9世纪时是个小王国，1481年并入法国。普罗旺斯语属印欧语系罗曼语族，历史上普罗旺斯语出现过优美的文艺作品，是一种著名的艺术语言。——译者注

近10年——有生命危险的年代，总是在一些错误的、于我极不相宜的地点中度过。瑙姆堡、普福塔文科中学、图林根、莱比锡、巴塞尔、威尼斯——就我的生理状况来说，这都是些不幸的地点。假如说，我的童年和青年时代没有给我留下任何令人愉快的回忆，那么，在这方面强调所谓"道德上的"原因未免愚蠢——即认为似乎无可争辩地缺乏足够的社交。因为直到今天为止，我一如既往地缺乏社交，可是也没有妨碍我的开朗和勇敢。但对生理问题的无知——讨厌的"理想主义"——我生命中的真正不幸，其中还有多余和愚蠢的成分。从这里面产生不出任何优良的东西，因为没有相抵的东西。从这种理想主义产生的后果中，我找到了用以解释一切失利、伟大的本能的失误和同我生命的使命相悖离的谦恭。譬如，我成了语言学家——起码要问，为什么我没有成为医生，或别的什么令人开开眼界的人物呢？待在巴塞尔的时候，我的精神的生活方式，包括每天的时刻分配表，完全是对我精力的极端荒唐的滥用。我消耗的精力得不到任何补偿，甚至连耗尽和添补的问题想都没有想。过去，我没有一点敏感的自私之心，没有丝毫对独断本能的保护，那时，不论同谁都是平起平坐、一视同仁的。"忘我性"，一种对距离感的忘却——这是我永世不能原谅的东西。当我几乎走到了生命的尽头时，我才开始思考我生命的这种基本的非理性——"理想主义"。唯有疾病才使我接近了理性。

## 三

营养的选择；气候和地点的选择；第三条这一条切不可失误，关于休养方式的选择。按每个人特有的限度，就是允许他达到的界限，即使对受益的界限来说，选择的余地也很狭窄。就我而言，任何阅读都属于我休养的范围。因此，它构成了使我摆脱自身和得以漫步陌生的学科和陌生的心灵世界的那些行动的一部分——是我现在不再理会的东西了。阅读使我从我的严肃认真中得到休整。在埋头工作时，别人在我这里是看不见书的。因为我不让别人在我旁边说话，甚至思考。因为那就等于阅读……你们真的注意到以下情况了吗？精神孕育，使精神和整个机体从根本上决定深度的紧张状态。这时，偶然性，任何一点外界刺激的作用都十分强烈、十分"深入"。因此，应尽可能避开偶然性和外界刺激；把自我坚壁在精神孕育的、第一本能的、明智的行列里。要我容许陌生的思想悄然地爬过墙头吗？——这确实就叫阅读……继劳作时期和收获时期而来的就是休养时期。你们来吧！你们这些令人赏心悦目、饶有趣味的书啊！——一定要是德国书吗？……这得话说半年以前，我突然发现手头有一本书。可那是一本什么书呢？——那是维克多·波尔夏特①的名著《希腊的怀疑论者》，它比较成功地利用了我的《第欧根尼·拉尔修②论集》中的见解。怀疑论者是在两面性乃至多面性的哲学王国中唯一值得尊敬的人！……平常，我总是遁入同样的几本书里，甚至是有限的几本书里，几本合乎我的口味的书里，自得其乐。也许我生性不喜泛泛读书：书房会使我生病。我对新书与其说"宽容""大度"以及别的"博爱"，倒不如说是谨慎，甚至心怀敌意，这是我的本能……因此，我手不释卷的是几本早年的法国作家的著作。我只相信法国的教养，并且认为欧洲通常自诩的一切所谓"教养"统统都是误解，更不用说德国的教养了……我在德国见到的高等教育的特例都来自法国，尤其是瓦格纳夫人柯西玛。就我所知，她是审美问题上的第

---

① 尼采同时代不知名的哲学家。——译者注

② 第欧根尼·拉尔修，古希腊哲学家，古代哲学家丛书的编纂者。——译者注

一声鸣唱。——我虽然不读巴斯噶①的书,却喜欢巴斯噶。他是基督教最富教育意义的牺牲品,是慢性扼杀,先是肉体,后是心理。整个逻辑学的表现形式是非人的、残暴的、恐怖无比的。我在思想方面具有某种蒙台涅②式的傲慢,也许在肉体中。谁知道呢?我的特技审美,使我对狂放的天才莎士比亚③不无切齿痛恨之感,而仰慕莫里哀④、高乃依⑤和拉辛⑥等人的大名。但这

---

① 巴斯噶(又译帕斯卡,1623—1662),法国数学家、物理学家、哲学家,著有《思想录》。——译者注

② 蒙台涅(又译蒙田,1533—1592),法国文艺复兴时期著名人文主义思想家,欧洲近代散文体裁的创始人,著有《随笔集》三卷。——译者注

③ 莎士比亚(1564—1616),英国文艺复兴时期戏剧家、诗人,主要著作有《哈姆雷特》《奥赛罗》《李尔王》等。——译者注

④ 莫里哀(1622—1673),法国喜剧大师。——译者注

⑤ 皮埃尔·高乃依(1606—1684),法国舞台诗人,古典主义戏剧大师。——译者注

⑥ 让·拉辛(1639—1699),法国诗人、戏剧家。——译者注

并不能阻止我把晚近的法国人看成可亲近的社团。我根本无法想象历史上竟有这么一个时代，它能像巴黎一样拥有如此好奇同时也是如此精明的心理学家。我试举——因为他们人数相当不少——保尔·布尔热[①]、皮埃尔·洛蒂[②]、吉普[③]、美拉克[④]、阿纳托尔·法朗士[⑤]、朱尔·勒梅特尔[⑥]诸位先生为例，或推举强大种族的一员，

---

[①] 保尔·布尔热(1852—1935)，法国小说家和评论家。——译者注

[②] 皮埃尔·洛蒂(1850—1923)，法国小说家。——译者注

[③] 吉普(1850—1932)，法国女作家，原名加布里埃尔(女)伯爵。——译者注

[④] 亨利·美拉克(1831—1897)，法国戏剧家。——译者注

[⑤] 阿纳托尔·法朗士(1844—1924)，法国作家、文学评论家、社会活动家。——译者注

[⑥] 朱尔·勒梅特尔(1853—1914)，法国小说家兼戏剧家。——译者注

一位真正的拉丁人，我特别喜欢的人莫泊桑①。我推崇这一代，——我们私下说，贬抑那些教过他们的、全然受了德国哲学毒害的伟大的先师们(譬如，泰纳②先生就受过黑格尔③的毒害，他对伟人和时代的误解就是黑格尔的赠物)。凡德国势力所及，文化就会遭到摧残。只有战争才"拯救"了法国的精神……司汤达④是我生命中最美好的偶然之一——因为他身上体现的一切跨时代的事件，都是我偶然看到的，绝不是他人推荐的——司汤达独具慧眼，是有先见之明的心理学家，他把握事实的能力令人想到最伟大的事实的临近(看见鹰爪就知道拿破仑)。

---

① 莫泊桑(1850—1893)，法国著名作家。——译者注

② 伊波利特·泰纳(1828—1893)，法国历史学家、文艺理论家。——译者注

③ 黑格尔(1770—1831)，德国哲学家，德国古典哲学的集大成者。——译者注

④ 司汤达(1783—1842)，法国作家，原名马里-亨利·贝尔，代表作有《红与黑》等。——译者注

最后，——这绝非可提可不提的，他是真正的无神论者，在法国，这类人——光荣的普罗斯佩·梅里美[①]是不可多得的……莫非我本人忌妒司汤达吗？他先声夺人，讲了一句无神论的绝妙俏皮话，这本该由我来说才是："上帝唯一可原谅之点，就是他并不存在"。……我本人在什么地方也说过。迄今为止，对生命的最大责难是什么呢？上帝……

## 四

亨利希·海涅[②]赋予了我抒情诗人这个崇高概念。我在所有千年王国里漫游，试图寻求他那样甜美和激昂的乐章，但是白费力气。他含

---

[①] 普罗斯佩·梅里美(1803—1870)，法国作家。——译者注

[②] 亨利希·海涅(1797—1856)，德国著名诗人和政论家，著作有《诗歌集》《哈尔茨山游记》等。——译者注

有一种神性的愤怒,假如没有这种愤怒,我简直难以想象什么是完美——我评价人和种族价值有个标准,就是他(它)们一是要明白,上帝和萨提尔是不可分的。——要像他那样驾驭德语!肯定有一天人们要说,海涅和我早就是德语的第一批特技演员了——我们大大超过了德国人单纯用德语所取得的所有成就。人们一定认为我同拜伦[①]的《曼弗雷德》有着极深的亲缘关系。因为,我在自己内心世界中发现了这一切深渊。我13岁时就已成熟,能读这本书了。对那些在有了《曼弗雷德》以后还胆敢提《浮士德》的人,我无话可说,只报以一瞥。德国人不能胜任任何伟大的概念:舒曼[②]就是明证。出自对这位自作多情的萨克森人的愤懑,我曾

---

[①] 拜伦(1788—1824),英国浪漫主义诗人,1817年发表诗剧《曼弗雷德》。——译者注

[②] 罗伯特·舒曼(1810—1856),德国著名作曲家,晚期浪漫派大师。——译者注

为《曼弗雷德》诗剧谱写过一首反序曲。汉斯·冯·彪罗[①]说,他在谱曲纸上还从未见到过这样的东西,因为,这简直是对缪斯女神的亵渎。——假如我要为莎士比亚寻找一个最高级的公式,那我总会找到这个公式,即他勾画了恺撒[②]这个典型。别人想不出这类典型——别人要么是他,要么不是他。伟大诗人只能从自己的现实中汲取营养——直到他无法维持自己写作的程度……假如我看一眼我的《查拉图斯特拉如是说》,那我就要在房间里来回踱上半小时,抑制不住难以忍受的抽泣痉挛。——我真不知道还有比莎士比亚的作品更刺痛心灵的读物。为了不得不当这样的傻瓜,一个人要受

---

① 汉斯·冯·彪罗(又译布娄,1830—1894),德国钢琴家兼指挥家,曾同柯西玛·李斯特结婚,后离异,柯西玛改嫁瓦格纳。——译者注

② 恺撒(前100—前44年),罗马帝国的著名政治家和统帅。——译者注

些什么罪呀!——你们了解这个哈姆雷特吗?令人发狂的不是怀疑,而是肯定……但是,为着这样去感觉,你得是深邃的,是深渊,是哲学家……我们大家都害怕真理……但我承认:因为我本能地肯定,培根①先生乃是这类最不祥文学的发起者、自戕者。美国的糊涂虫和傻瓜们的可怜饶舌干我什么事呢?但是,实现幻觉的最强大的力,同实现行为、行为怪物的犯罪力之间不仅互相协调,而且前者以后者为前提……长久以来,我们对培根先生——就任何字面意义上来说,他是第一位现实主义者——了解得不够,因此,想知道他都干了些什么,他本来想干什么,他自身经历了些什么……见鬼去吧,我的批评家先生们!假定当初我给查拉图斯特拉起个陌生的名字,譬如叫理查

---

① 培根(1561—1626),英国著名哲学家、自然科学家和历史学家,英国唯物主义创始人。——译者注

德·瓦格纳,那么两千年来的真知灼见恐怕不足以发现《人情味的,太人情味的》的作者就是查拉图斯特拉的幻影……

## 五

这里,在我谈起我生命的休养问题时,我为了感谢,得找那个最深沉和最实在休养的人说上几句话。毫无疑问,这指的是我同理查德·瓦格纳的一段亲密交往。同一般人的关系,我极易忘怀;我绝不想从我的生活中抹去在特利普森①度过的时光,信任的时光,欢愉的时光,深沉的时光……我不知道别人对瓦格纳做何感想。但在我们的天宇上可称万里无云。——说到这里,我要再提一提法国——我没有任何理由,我仅仅是对尊崇瓦格纳的那一帮人撇一

---

① 特利普森,瓦格纳迁居拜罗伊特前在瑞士的住所。——译者注

下嘴角而已，他们是惺惺相惜……就像我一样，在我深沉的本能中，一切德国的东西都和我格格不入，以致和德国人的接近妨碍我的消化过程。我同瓦格纳的初次交往，也是我平生直抒胸臆的第一次：我认为，我把他尊为异国，尊为一切"德意志美德"的对立面、反叛者。——我们，我们这些在50年代沼泽气息中度过了童年的人，对德意志这个概念来说，必定都是悲观主义者。我们只能成为革命者——我们绝不能容忍伪君子当道的环境。至于这个伪君子今天是否改头换面，是穿猩红的号坎，还是身着轻骑兵的制服，对我来说是无所谓的……那好吧！瓦格纳就曾是一位革命者——他摆脱了德国人……欧洲，除了巴黎，别处都没有这位艺术家的栖身之地。因为唯有巴黎才有作为瓦格纳艺术前提的所有五种艺术感官中的敏锐感，层次感，对心理病态的触感。别的地方，人们没有追求形式的狂热，没有在排练上的郑重其事——这是独一无二的巴黎式的郑重其事。在德国,人们根本就不会有像狂妄野心这样的概念,因为它活在巴黎艺术家的心灵中。德国人是温良的——以前瓦格纳毫不温良……不过,关于瓦格纳现在所属的那一类同谁有着最近的亲缘关系,我已经说得够多的了[①]:他属于法国后期浪漫主义,是那种像德拉克罗瓦[②]和柏辽兹[③]那样的意志昂扬类的艺术家,都带有病态的特点,即本质不可救药,都是追求表现的狂热分子,都是彻头彻尾的名家……瓦格纳的第一个有才气的追随者到底是谁呢?是夏尔·波德莱尔[④],他也是首先了解德拉克罗瓦的人,典型的

---

[①] 见《超善恶》第255节及以下各节。

[②] 欧仁·德拉克罗瓦(1798—1863),法国浪漫派画家,代表作是《自由引导人民》。——译者注

[③] 艾克托尔·柏辽兹(1803—1869),法国浪漫派作曲家。——译者注

[④] 夏尔·波德莱尔(1821—1867),法国抒情诗人和艺术理论家,象征主义的创始人。——译者注

颓废派，整整一代艺术家，都在他身上重新发现了自己——他也许是最后一个……叫我根本不能原谅瓦格纳的地方何在呢？他对德国人降格以从——他成了帝国的德国人……德国势力所到之处，它就要摧残文化。

## 六

我思索再三，假如没有瓦格纳的音乐，我也许熬不过我的青年时代。因为以前我命中注定就是德国人了。假如一个人想逃脱忍受不了的压力，那他就离不开大麻。那好吧，我就离不开瓦格纳。瓦格纳是专门用来对付一切德国东西的毒剂——毒品。我不否认这一点……从我听到《特里斯坦和伊索尔德》中的一段钢琴曲的时候算起，——恕我说句恭维话，冯·毕洛夫先生！——我就已经成了瓦格纳的崇拜者了。我看不起瓦格纳的早期作品——还是太一般化了,"德国味"太浓了……不过,时至今日,我还在寻找像《特里斯坦和伊索尔德》这样惊险诱人、令人战栗不安、无限可爱的作品——我找遍了所有的艺术作品,结果是徒劳一场。同《特里斯坦和伊索尔德》的第一个音符相比,达·芬奇①的种种奇特都失去了魅力。这部作品是瓦格纳登峰造极之作。他以这部歌剧为转机,接连创作了《纽伦堡的名歌手》和《尼伯龙根的指环》。它们变得更健康了——但在瓦格纳这样的天性那里,这是一个退步……我认为我生逢其时,我正好是在德国人中生活过的,因此成熟到了足以接受上述作品的程度。这是头等的幸运,因为,心理学家的好奇心在我身上达到了如此的地步。对于从来没有病到足以产生"地狱般的快感"的人来说,世界是

---

① 达·芬奇(1452—1519),意大利文艺复兴时期著名画家、雕刻家和自然研究者,与米开朗基罗、拉斐尔共称"文艺复兴三杰"。——译者注

贫瘠的,因为,这里甚至允许祈求一种神秘的公式。——我认为,我比谁都更理解瓦格纳能够取得的成就,那使人动情的大千世界,除了瓦格纳,谁也生不出这样的羽翼。正如我一样,我强大到足以把在我看来是最可疑和最危险的东西化为有益的东西,并且借以变得更加强大,因此,我把瓦格纳称为我一生中的大恩人。我们之所以是我们,同病相怜,是因为我们受难之深,超过了19世纪的其他人。这一事实将永世把我们俩的名字联系在一起。瓦格纳在德国人中间纯粹是个误解,我也是这样,并将永远如此。——首先得有200年的心理和艺术的训练,我的日耳曼先生们!……但这已无可挽回了。

## 七

我还要对那心有灵犀的听众说几句话:我到底想要音乐干什么。要音乐欢快而深沉,犹如十月的午后。要它独具一格,无拘无束,脉脉含情;要它成为一个卑俗而风雅的娇小女人……我绝不相信德国人有知道音乐是什么的能耐。为人称道的德国音乐家,名列前茅的最伟大的音乐家都是外国人,斯拉夫人、克罗地亚人、意大利人、荷兰人或犹太人;在另外的场合,德国人则是强大的种族,像亨利希·许茨①、巴赫②和亨德尔③这样的德国人已经死光了。我本人总还是十足的波兰人,和肖邦④相比,我献给音乐的只是一个零头。基于三个理

---

① 亨利希·许茨(1585—1672),德国作曲家,作品多为宗教题材。——译者注

② 约翰·塞巴斯蒂安·巴赫(1685—1750),德国作曲家,著名基督教教会音乐家。——译者注

③ 格奥尔格·弗里德里希·亨德尔(1685—1759),德国作曲家,曾与巴赫齐名。——译者注

④ 肖邦(1810—1849),波兰著名钢琴家和作曲家,被誉为"浪漫主义钢琴诗人"。——译者注

由，我要把瓦格纳的齐格弗里特①式的田园诗当成例外，也许还有李斯特②的某些作品，因为在管弦乐的幽雅音符方面，他比所有别的音乐家们略胜一筹。最后，还要提一下所有在阿尔卑斯山那边成长起来的人——也就是阿尔卑斯山的这一边……我简直少不得罗西尼③，也不能没有我的音乐南国，我的威尼斯的名手彼得·加斯特④的音乐。当我说阿尔卑斯山的那一边时，本来我指的就是威尼斯。假如要我为音乐寻找另一个别名，那就是威尼斯。我不知道眼泪和音乐有什么区别——想到南国，我不无因怯懦

---

① 齐格弗里特，指瓦格纳的著名歌剧《尼伯龙根的指环》中的第3部分。——译者注

② 弗兰茨·冯·李斯特(1811—1886)，匈牙利著名钢琴家和作曲家。——译者注

③ 焦阿西诺·罗西尼(1792—1868)，意大利歌剧作曲家。——译者注

④ 彼得·加斯特(1854—1918)，原名亨利希·科泽利茨，德国作家和作曲家，尼采的学生和朋友，尼采著作的出版者。——译者注

而生的战栗,我认为这是幸运。

  不久以前,
  我立在暗夜的桥边,
  远处传来歌弦;
  金色的涓滴涌过
  战栗的天地间的一线。
  划艇,灯火,音乐——
  醉醺醺荡入朦胧一片。
  琴弦自鸣,
  暗中拨动我的心弦。
  还有一首划艇之歌,
  悄然飘忽其间。
  我的心灵因极乐而发抖,
  ——谁曾倾耳听见?

# 八

在这一切事物中——营养、地域和气候的选择,对休养的选择——占支配地位的乃是自我保存的本能,它分明就是自卫的本能。对许多事物视而不见,听而不闻,拒之门外——这是头等的聪明,是第一个明证,证明人不是偶然,而是必然。这种自卫本能习惯上称为审美。它的命令式不仅在真有"忘我性"时表示否定,而且尽可能不用命令式来表示否定。应当摆脱所有一再使否定变为必需的事物。理性表现为防御性支出,尽管不多,但会渐变为成例、习惯。它支出极大,因而造成完全多余的贫困化。我们巨大的支出乃是涓滴积累的结果。防范、拒之门外,这就是消耗——对此不可含糊——力,消耗在消极目的方面。人们可能仅仅由于持续不断的防范之需而变得如此虚弱,以致不能自存,——假定,我走出我的房门,找到的不是幽静和具有贵族政治风味的都灵,而是一个德国的小城市。因为,我的本能真可能隔绝自身,以顶回这个堕落卑怯的世界逼向本能的一切。或者,我发现了德国的大城市,这人为的罪恶、不毛之地,那里随便什么,好的和坏的,都是舶来品。那么,人们岂不要摇身一变成为刺猬吗?——但长棘刺就是浪费,甚至是双料的奢侈。假如事情由人们自己决定,就不要长棘刺,而要生摊开的双手……

还有一种聪明和自卫的形式,即尽可能没有反应,要逃离使人注定要丧失"自由"乃至丧失创造力,从而变成单纯的试剂的那种境遇。我认为,读书就是个例子。一个只会"啃"书本的学者——平庸的语言学家一天差不多能打发 200 本——到后来则完全丧失了独立思考的能力。一旦不啃书本,他就不会思考了。假如他思考——他还能够做单纯的反应,他就回答了一个刺激——一个经过阅读得出的思想。学者把自己全部的力气都花在了肯定和否定上，用在了对已经想到的东西的批评方面——于是，他本人就不再思考了……自卫本能在他身上已经消解，否则他会抛弃书本的。学者——就是颓废派。——下述事实乃我亲眼所见：天资聪敏而自由的天才们，早在30年代就已经"读毁了"，剩下的只有火柴，只有摩擦它，才会发出火花——思想。——拂晓，万籁清新，在精力如天边朝霞的时光读书——我称它为罪孽！

# 九

行文至此，我不能再回避对下述问题的回答了：我为什么成为现在的我。这样，我就触及自我保存艺术的杰作——自私了……即便假定，使命的命运大大超过了平均值，那也许就没有什么比面对所肩负的使命的自我更危险的事了。我成为我现在的样子这一事实，要以我根本没有想到我成为现在的样子为前提。按照这种观点，连生命的种种失误，暂时的弯路和歧途，迟疑，"谦虚"，浪费在使命彼岸的热忱等等，都具有本身独特的价值和意义。这里面表现出伟大的聪明才智，甚至最高的聪明才智。因为，这里，反求诸己也许是走向毁灭的药方；自我忘却、自我误解、自我蔑视、自我狭隘化和自我平庸化，这些东西就会变成理性本身。用道德家的话来说：博爱，舍己为人可能是强烈保存自我的保护性对策。我一反自己的定例和信念，站在"忘我"冲动的一边，因为，这种冲动在这里是为自私和克己服务的。——人们应该保持整个意识外表(意识就是外表)的纯净，不受任何伟大命令的污染。甚至还要提防各种大话，提防各种伟大的姿态！真正的危险在于，认为本能过早地"认识了自己"。此间，那种有组织能力的、适于统治的"观念"，从深处渐渐生长起来——它开始发号施令，它逐渐使人从歧路回归坦途！它准备了个别的、有朝一日表现为实现整体性所不可缺少的手段的质和能——就顺序来说，在它还没有从压倒一切的使命、"目的""宗旨""意义"透露出某些东西之前，它就造就了一切有用处的能力。——从这方面看，我的一生简直就像奇迹一般。为了担当重估一切价值的大任，也许必须具有比普通人更多的才能，尤其要具备对立的、不自相毁灭、不自相破坏的才能。才能的等级制、距离感、保持距离而又不树敌的艺术、绝不含糊其词、绝不"调和"，这些才能无比庞杂、多种多样，尽管如此，它们同混乱是不同的——这是我本能的先决条件，是我的本能长期隐蔽工作的结果和艺术的匠心所在，这种本能的高级防护作用表现得如此强烈，以至于我在任何情况下都不知道在我体内正在滋长着的东西，以至于我所有的能力臻于成熟，在达到极限的那一天，竟像火山一样喷发。在我的记忆中，好像没有耗费心力的事例；在我的一生中，找不出任何拼搏的迹象，我是英雄气质的对立物。"想"成就些什么，"企求"些什么，心中有某种目的，有某种"愿望"——据我的经验，我对诸如此类的东西毫无所知。在这样的时刻，我放眼于我的未来——遥远的未来！——就像放眼于平静的海面一样：没有一丝热望去干扰它的宁静。我丝毫无意使情形变得与现在有什么两样；我自己也不想变成另外一个人……我就是这样生活过来的。我从来没有什么愿望。过了44岁生日的我，可以这样说了，他从来没有为了荣誉、女人、金钱操过心！——我本来就不缺这些东西……就这样，比方说，有一天就当了大学教授——我根本就没打过这样的算盘，因为我当时还不到24岁。同样，此前的两年，我成了语言学家。因为，这指的是我第一篇语言学论文——不论从哪个方面说，它都是我的发端——应我的导师李奇耳①之邀,发表在他主办的《莱茵博物》杂志上(李奇耳——我心怀敬意地提起这个名字,他是我迄今仅见的一位天才学者。他具备那种我们图林根人所特有的、令人愉快的,甚至德国人也对此抱有同感的迂腐气——为了达到真理,我们甚至宁愿踏上非同寻常的途径。我想,这番话用在离我更近的同乡,聪明的列奥波特·冯·兰克②身上,也是恰如其分的……)。

十

——人们一定会问我,究竟我为什么要叙述这些微不足道的琐事呢。因为,假如我命中

---

① 弗里德里希·威廉·李奇耳(1806—1876),德国古典语言学家,尼采在莱比锡大学的导师。——译者注

② 利奥波特·冯·兰克(1795—1886),德国历史学家,普鲁士王家史官,史料批判学的创始人。——译者注

注定要担当大任,那就越发害了我。我的回答是,这些琐屑小事——营养、地域、气候、休养,一切自私自利的诡诈——这是超越一切的概念,比迄今人们所认为的一切重要的东西还要重要。正是在这个问题上,人们应当开始再学习。过去,人类郑重称道的东西,都是不真实的,纯粹的臆想,确切地说,是出自病态的、有害的(最深刻意义上的)天性的恶劣本能——,诸如"上帝""灵魂""美德""彼岸""罪恶""真理""永恒的生命"等,所有这些概念……但是人们却在这些概念中寻求人性的伟大、人性的"神性"……这样一来,一切政治问题、社会制度问题,一切教育问题,都从根本上弄错了,以致人们误将害群之马当成了伟人,以致人们教诲别人要轻视"琐事"。我要说,这乃是生命本身的基本条件……现在,假如我把自己同一向被人誉为上流人物的那些人比较一下,那么,两者之间的区别就一目了然了。我根本不把这些所谓"上流人物"当作人——在我看来,他们都是人类的渣滓,是疾病和报复本能的怪胎。他们是灾祸,甚至是不可救药的、敌视生命的非人……我要当他们的敌人。对一切健康本能具备最高的敏感,这是我的特权。我身上没有任何病态的特征,即使重病缠身,我也从不是病态的;想从我的本质中寻找狂热性的痕迹,那是白费力气。在我生命的每时每刻都无法找到哪怕是一星半点的傲慢和装腔作势。激昂慷慨与伟大无涉;弄姿作态的人是虚伪的……谨防一切金玉其外的人!——当生命要我付出最艰苦的努力时,我反而觉得轻松,甚至非常地轻松。凡是在这个秋天见过我无间歇地完成了头等纯粹的、空前绝后的业绩的人,都不可能发现我有紧张的痕迹,而是洋溢着青春的活力,这是出于我对千秋万代的责任心啊!我从来没有吃得这样香、睡得这样甜过——同伟大的使命打交道,除了用游戏，我不知道还有什么别的方式。这是基本前提，伟大的征象。最轻微的局促，抑郁的面容，生硬难听的嗓音，所有这些对人都有妨碍，更不利于他的事业！……不要神经质……苦于孤独，这也是有害的——我总是苦于"繁杂"……在还的小时候，7岁，我就已经知道，人类的话送不进我的耳朵。谁见过我为此闷闷不乐过吗？——今天，对待诸位，我仍然有同样的谦和，我对最卑贱者都充满恻隐之心。总之，我无丝毫的傲慢，无丝毫的轻蔑。受我蔑视的人，会流露出我曾蔑视过他，因为，我的生存使体内流着卑劣血液的人恼怒不已……我衡量伟大的公式是热爱命运：你们不要想变更什么，过去不要，将来不要，永远也不要。不要单纯忍受必然，更不要逃避，而是爱它——因为在必然之前，一切理想主义都是谎言……

# 我为什么写出了这样的好书

一

我个人是一回事,我的著作又是一回事。这里,在我还没有涉及这些著作之前,首先谈一谈对它们的理解和误解的问题。我做事就像事情的产生那样漫不经心。谈这个问题的时机还未到来,因为我的时代也还没有到来,有几篇东西会作为遗著出版。——也许有一天,人们生活和说教的制度就如同我们认为的那样,甚至发展到要开设讲座,讲授《查拉图斯特拉如是说》的地步,但是,假如我今天就期待有人会听取或接受我的真理,那未免与我大相径庭。因为今天还没有人听取,还没有人懂得接受我的东西,这不仅是可以理解的,而且,在我看来也是理所当然的。我不想被人误解,因此,我也不要误解自己。——再说一遍,在我的一生中,你提不出我有什么"恶意":即便是文字上的"恶意",我也几乎举不出什么例证。相反,纯粹的傻事却不胜枚举……在我看来,假如有人读我的书——我甚至说他偏爱我的书(更不用说过分了),那会是他能够给予自己的最高奖赏之一……亨利希·冯·施泰因博士有一次心口如一地抱怨,说他一点也不明白我的《查拉图斯特拉如是说》说的话。我对他说,这就对了,因为,明白了他说的六句话,即体验了这六句话,世人就会达到比"现代人"还要高的境界。具备这种距离感的我,怎么能希望我所认识的"现代人"去读我的书呢!——我的成功正好同叔本华相反——我要说,"没人读我的书,将来也没有人读我的书"。——我不想否认,人们在否定我的著作时一再出现的天真使我感到了满足。当我也许打算用我的气势磅礴、力大无边的文学使其余文学失去平衡的时候,波恩大学有位教授出于好意告诉我说,我本该用别的方式,因为这类东西无人能读。——后来,不是德国人,而是瑞士人提供了两个极端的事例。维·魏德曼[①]博士在《联邦报》上发表了一篇论述《超善恶》的文章,标题为《尼采写的一本危险的书》。卡尔·施皮特勒[②]先生写的关于我的书的一篇综合报道,也发表在《联邦报》上。这两篇东西是我一生中的最高极限——我要提防着别说出什么来……例如,后者硬把我的《查拉图斯特拉如是说》说成对更高风格的尝试,并希望我以后还会照顾到内容;魏德曼对我在致力消除一切彬彬有礼的情感方面的勇气表示尊重。——这里,字里

---

[①] 约瑟夫·维克多·魏德曼(1842—1911),瑞士作家,1880年以后担任伯尔尼《联邦报》小品栏主编。——译者注

[②] 卡尔·施皮特勒(1845—1924),瑞士诗人,编辑。——译者注

行间都巧施一点偶然的诡计，其严谨性虽然令我肃然起敬，然而却是头足倒立着的真理。其实，有人要想击中我的要害，甚至以惹人注目的方式，他只要指出"重估一切价值"就行了，用不着拿钉子钉进我的头……毋宁说，我试图得到一种解释。——可是，终究没有人能够从书本包括的东西中得出比他原先已经掌握了的更多的东西。在经历中得不到印证的东西，便无法认识。让我们设想一种极端的例子：假如一本书讲的东西完全超出经常性的，或哪怕是罕见的经验可能之外——那么，它对一系列新经验来说就是第一语言。在这种场合简直什么也听不明白，由于音响的欺骗，所以在听不到任何音响的情况下，也就认为什么也没有……无论如何，这即是我通常的经验和我经验的独特性，如果可以这样说的话。自认为从我的著作中了解了某些东西的人，其实只是根据他自己的想象从中汲取了某些东西,汲取的往往是我的反面,譬如认为我是个"理想主义者";对我一无所知的人,似乎理也不理。——"超人",是用来形容一种至高卓绝之人的用语,这种人同"现代"人、"善良"人、基督徒和其他虚无主义者完全相反——它出于查拉图斯特拉即道德破坏者之口,是个很值得深思的用语——几乎人人都把它想当然地按照与查拉图斯特拉形象对立的价值含义来理解。硬说超人是一种高等的"理想主义"典型,是半为"圣徒"、半为"天才"之人……还有另一个有学问的、头上长角的畜生由此而怀疑我是达尔文主义者。甚至有人在这方面重新发现了那个违背知识和意志的大骗子,卡莱尔①的"英雄崇拜",可这是我深恶痛绝的东西。假如我向某人低声耳语,叫他与其说在帕

---

① 托马斯·卡莱尔(1795—1881),英国作家、历史学家,主张英雄崇拜,站在浪漫主义立场来批判英国资产阶级。——译者注

西法尔中，倒不如说到恺撒·波尔查①那里去寻找超人，他会不相信自己的耳朵的。——请原谅！人们，尤其是报纸，对我的著作的品评，我毫无兴趣。我的朋友，我的出版者了解这一点，但没有告诉我。在一个特殊场合，我当面听见了对一本书——《超善恶》——的种种非议，我简直可以就此写一篇有趣的报道了。有消息说，《民族报》——普鲁士的一家报纸——为了告诉我的国外读者起见，恕我直言，我本人只读《巴黎晚报》——郑重其事地认为这本书是一个"时代的信号"，是不折不扣的容克哲学。《十字报》还真没有说这种话的胆量……人们真的相信这些话吗？

---

① 恺撒·波尔查(1475—1507)，意大利文艺复兴时代的诸侯之一，系教皇亚历山大六世之子，为人残忍狡诈，玩弄权术，是马基雅维利主义的原型。——译者注

## 二

　　以上是德国人方面的情况：因为别的地方处处都有我的读者——都是出类拔萃的智者，他们是些受过磨难、在高级地位和义务中熏陶出来的人物。在我的读者中，甚至有真正的天才。在维也纳，在圣彼得堡，在斯德哥尔摩，在哥本哈根，在巴黎和纽约——各处都发现了我：因为我不是欧洲低地——德国心目中的尼采……说句实话，我更喜欢那些没有读过我的书、从来没听说过我的大名，也不知哲学为何物的读者。但是，无论我走到哪里，比方说这儿，都灵，凡是我露面的地方，都使人感到轻松愉快。最使我受宠若惊的是那些市场上的老妇们，她们在没有为我挑出最甜美的葡萄之前是不肯歇手的。达到这种程度的人，必定是哲学家喽……人称波兰人是斯拉夫人中的法国人，这不是偶然的。有位风度翩翩的俄国女士，她无论何时都不会搞错我的属性。举止庄重,我办不到,甚至这样做会使我非常尴尬……用德语思考,用德语感觉——我什么都会,但举止庄重超过了我的能力……我的老师李奇耳甚至认为,我构思我的语言学论文时的样子就像巴黎的小说家——极其紧张激烈。即使在巴黎,人们也会对我表现出的一切大胆和谨慎感到惊奇——用泰纳先生的话来说——我担心,即便用酒神颂歌的最高形式,也会在我身上找到机智,那种永远不会变得愚蠢(变成"德国的")的盐……我别无所能。上帝助我,阿门!——我们大家都知道,有几位甚至从经验中就知道,长着长耳朵的是什么东西。那好吧,请允许我冒昧地说,我的耳朵最短。这一点会使女士相当感兴趣——我看,似乎她们感到更了解我了,是吗?……我尤其是蠢驴的敌人,因而成了世界史上的怪物——用希腊语,而且不仅用希腊语来说,我才是基督教的敌人……

# 三

从某种程度上说,我知道我作为作家的特权。某些情况下,我的确感到,要习惯于我的著作,是会"损害"审美的。人们甚至再也看不进别的书了,起码看不进哲学书了。进入这样一个高妙的境界是无可比拟的荣誉——做到这一点的绝不是德国人。总之,这是一种应该受用的荣誉。凡是与我一样具有高度意志的人,都会在这里面得到对学习的真正陶醉。因为,我来自鸟飞不到的高山,我知道尚且无人误坠其中的深渊。有人对我说,对我的书爱不释手——我的书甚至会划破漫漫长夜的寂静……世上再也没有比这更令人骄傲和构思巧妙的书了——这些书某些方面达到了地球的最高峰,玩世不恭了;人们得用无比纤细的手指和最勇敢的拳头才能掌握精神实质。任何脆弱的神经都学不到手,连消化不良也不行,一次不行就永无希望。不应情绪紧张,应该有一个愉快的腹部。不仅精神的贫乏和狭隘会妨碍领会书的内容,内脏的怯懦、不洁、记仇造成的妨碍尤大:从我口中吐出一个字,足以当面激起一片邪恶的本能。在我的朋友中,有许多实验动物,借助它们,我会感觉到对我著作的形形色色的、很有教益的反应。凡是无意同著作内容打交道的人,譬如我所谓的朋友,都会因而变成"无个性者"。人们祝我有幸再走"这么远"——希望我在语调更加活泼方面再求进步……这些恶习不改的"精灵""美丽的灵魂",彻头彻尾的骗子手,他们对这些书简直无从下手——因此,他们就看不起这些书,这就是一切"美丽的灵魂们"美妙的必然结果。我朋友中的这帮长角的畜生,——恕我直言——纯粹的德国人,叫我明白了,他们并不总是同意我的见解。但有时候……我甚至听到对《查拉图斯特拉如是说》也说过这样的话……同样,人身上的任何"女权主义",男人也不例外,也严重妨碍领会我的思想。人们绝不要进入这个鲁莽知识的迷宫。人们应该不惜精力,人们应该具备冷酷无情的习惯,以便在冷酷的真理中感到精神愉快、思想开朗。假如要我设想一位完美的读者,脑海中便总是浮现出一位有勇气、很好奇的怪物,此外,也是一位能屈能伸的、有心计的、谨慎从事的人,一位天生的冒险家和探索者。总之,我不知道说什么更好,我到底在同谁说话,就像查拉图斯特拉所说:他要向谁叙述自己的谜呢?

向你们,勇敢的探索者,那曾使用灵巧的风帆航行在可怕的大海的人,——

你们,沉溺于谜的人们,欢愉朦胧的人们,你们的灵魂被笛声诱向每个迷惘的深渊的人们;

——因为你们不愿用怯懦的手去试探

一条线索；在你们能够猜破的地方，你们就会痛恨推理演绎的……①

## 四

同时，我要概述一下我写作风格的技艺。用文字，也包括文字的韵律，表述一种状态，一种充满激情的内在的紧张——这就是一切风格的意义。鉴于我身上内在状态非同一般的多样性，因而我具备运用多种风格的可能性——具备人们所曾具有的五光十色的风格技艺。任何优秀的格调表达的都是内在状态，它通过对文字、文字的韵律、表情——一切周期性法则都是表情——都是没有闪失的风格。我在这方面的本能不会有错的。——独特的优秀风格——纯洁的愚行，纯粹的"理想主义"，有点像"自

---

① 见《查拉图斯特拉如是说》第3部分第2章。——译者注

在之美""自在之善""自在之物"一样……前提总是这样,假定世界上有听众存在——假定还有能够产生同样的激情并与之相称的人存在,假定不乏允许我们对之表白的人。——譬如,我的查拉图斯特拉就在寻找这种人——啊!他一定要花更长的时间去寻找这种人!——人们值得考验他……可是直到那时为止,将不会有人理解我在本书所运用的技艺:因为,能够大胆运用崭新的、前所未有的、真正为这种人创造的技艺手法的人,还从未有过。有人认为,诸如此类的东西,过去德语中可能有过,此说尚有待证明。因为,我本人曾断然否认过此事。在我之前,人们不知道用德语能完成什么事业——人们用一般语言所能完成的事业。伟大韵律的技艺,圆周句艺术的伟大风格,表现出一种超凡的、超人激情的大起大落,这都是我首先发现的;借像《查拉图斯特拉如是说》第3部分最后一节《七个印记》这样的酒神颂歌,我就在那一向称之为诗歌的东西的上方,凌空翱翔了。

## 五

——我的著作显示出我是一位无与匹敌的心理学家,这也是善良读者获得的第一印象——这是我尊重的一位读者,他读我的书就像优秀的老语言学家读我的贺拉斯[①]一样。除了那些有名气的哲学家、道德家以及别的蠢货废物之外,人人皆有同感的那些话,我看,都是头脑简单的失误:譬如,相信"博爱主义"和"利己主义"的对立,自我本身成了"高级的欺诈",成了"理想"……既没有利己主义的行为,也没有非利己主义的行为。因为,从心理学来说,这两个概念都是荒谬的。或者,"凡

---

① 贺拉斯(前65—前8年),罗马诗人,以歌颂爱情、酒、友谊、社交的人生哲理著称。——译者注

是人都追求幸福"……或者,"幸福是德行的报答"……或者,"痛苦和快乐是对立的"……道德,人类的巫婆,彻头彻尾地篡改了一切心理的东西——道德化了——以致达到荒谬可笑的地步,以致爱情都变成了"博爱"……人们应当坚定不移,应当勇敢地站稳自己的双脚,否则你根本无法去爱他人。其实,女人最清楚这一点:她们对那些忘我的、纯客观的男人一定不感兴趣……顺便,恕我冒昧地说,我是了解女人的吧?这是我从酒神那里得到的陪嫁的一部分。谁知道呢?也许我就是永恒女性的第一位心理学家。她们大家都爱我——那是些老掉牙的故事了。失身的女人,"解放了的",不能生育的不计在内。——幸运的是,我不愿意让人撕碎:假如一个完美的女人爱你,她会把你撕碎的……我了解这些可爱的狂妇……啊!多么危险的、鬼鬼祟祟的、潜行的小小食肉动物!而同她们在一起时,又是那么惬意!……

一个倾心报复的妇人,说不定会冲撞命运本身。——女人不知要比男人邪恶多少倍,也远比男人聪明;女人身上的善早就是蜕化的一种形式了……尽管有这许多所谓"美丽的灵魂",从根本上说,还是存在着生理的弊端——我不把一切都讲出来,不然,我就变成了嘲弄医学的人了。争取平等权的斗争简直就是一种病症:医生都知道这一点。——女人,越是女人味道浓时,就越是疯狂反对一切权利。天性,两性间的战争,这方面的确让女人占据了第一把交椅。——人们听见了我给爱情下的定义了吗?这是唯一值得哲学家来下的定义。爱情之法就是战争,基础就是两性之间不共戴天的仇恨。——你们听见了我对如何解救——"拯救"女人这个问题的回答了吗?让她生一个孩子。女人离不了孩子,而男人总不过是工具:查拉图斯特拉如是说。——"女人的解放"——这是有缺陷的即不孕女人仇恨健全者的本能——

反对"男人"的战争总不过是手段、借口、策略。因为她们要抬高自己,要当"自在的女人",当"高等的女人",当"理想主义的"女人,所以她们就降低了女人的一般等级——水平。为此,没有比文科中学式的教育、长裤汉和让政治畜生投票选举更便当的手段了。从根本上说,解放了的女人是"永恒女人"世界的无政府主义者,是败类,她们最低下的本能就是复仇……一整套恶毒阴险到极点的"理想主义"的种类——这种"理想主义"有时也表现在男人身上,例如,在易卜生这个典型的老处女①那里——理想主义的目的就在于毒害良知,毒害性爱的天然性……为了不让别人怀疑我在这方面既正派又严肃的信念,我还想从我的反恶习道德法典中选出如下信条告

---

① 易卜生(1828—1906),挪威著名戏剧家,提倡妇女解放,代表作有《玩偶之家》等。尼采在这里是讽刺他对天然性爱的无知。——译者注

诉你们：我用恶习一词向任何种类的、违背自然的行为开战。或者，——假如你们喜欢文雅字眼的话——，向理想主义开战。这一信条说："宣扬贞洁就是公开煽动违背自然的行为。任何对性生活的蔑视，任何用不贞洁这个概念玷污性生活，都是对生命的犯罪——都是违背生命这个神圣精神的重大罪行。"

## 六

为了传授作为心理学家的我的一个概念，我举出《超善恶》一书中出现过的古怪心理学。——此外，我不许人们对我在此处描写的对象进行任何猜测。"心灵的天才，正如伟大的声音可以深入每个灵魂的内心深处一样，他一言不发，双目紧闭，在他脸上没有引诱的顾盼和皱纹。他善于表现，这是他高超技艺的一部分——不是以本来面目出现，对他的追随者来说，表现为强制，越来越近地逼近他，越来越内在地、彻底地追逐他……心灵的天才，他使一切喧嚣和自鸣得意哑然失声；他教诲服从，他使暴躁的灵魂安详，并给予它们以新的享受要求——静卧，如一面明镜，使深邃的天宇映照其间……心灵的天才，他教诲鲁莽笨拙之手变得稳重，把握起来更加妥帖；他可以猜到厚暗冰层下面的点滴财宝和甜美的精神财富；他是探测长埋和禁锢在泥沙之下被人遗忘了的金粒的魔杖……心灵的天才，由于接触了他，人皆可满载而归，不是受宠若惊，不是为别人的好东西感到高兴和压抑，而是本身也富有，比以往更新奇，大开其窍，为一阵和风所吹绽和窥知，也许更为不定，更为娇嫩，更为脆弱，更为支离破碎，却充满希望，莫可名状的希望，充满新的意志和潮流，充满了新的非意志和反潮流……"①

---

① 见《超善恶》第 9 章第 295 节。——译者注

《悲剧的诞生》

《生死抉择》

一

为了合理评价《悲剧的诞生》(1872年)一书,应该忘掉一些东西,该书借以发挥作用和使自身着魔的东西,正是它的错误所在——这本书借重瓦格纳主义,似乎成了崛起的象征。正是由于这个原因,这本书才能了结瓦格纳生平中的大事件:从那时起,瓦格纳的名字才唤起伟大的希望。直到今天,人们还提醒我不要忘了这件事,其中可能是《帕西法尔》引起的事:认为这一运动对文化有重大的价值,这本来是我的不对。——我发现,人们引用这本书作为"由音乐精神引起的悲剧的再生"。过去,人们只听信瓦格纳关于艺术、意图和使命的这种新公式——因此,隐含在这本书里的瑰宝被忽略了。"希腊精神和悲观主义",这倒是个更明确的称谓。第一要义,即希腊人是怎样处理悲观主义的——他们用什么手段克服了悲观主义……悲剧正好证明,希腊人不是悲观主义者。在这一点上也如其他地方一样,叔本华又犯了错误。——平心而论,《悲剧的诞生》似乎是不合时宜的。人们万万想不到,这篇作品是在沃特①战役的隆隆炮声中开始酝酿的。我带着这个问题来到麦茨②城下,那是9月的寒夜,我作为病员看护在军中服役,可人们宁可把它看作50年前的旧作。它不涉及政治——"非德意志的",今天人们肯定也会这么说,它散发着令人讨厌的黑格尔气息,它仅在若干公式上带有叔本华的报丧者的香水气味。这里有一个"观念"——

---

① 沃特,德国西南部邻近德法边境的小城,普法战争的战场之一。——译者注

② 麦茨,法国西北边境的小城,也是普法战争的战场之一。——译者注

即狄俄尼索斯和阿波罗①的对立——被转译为形而上学,历史本身就是这个"观念"的发展。在悲剧中,统一体的对立消除了,由此看来,一向没有露面的事物,突然对立起来,结果它们互相启发,彼此理解了……譬如歌剧同革命……这本书有两项带根本性的革新:一、对希腊人的狄俄尼索斯现象的认识——这是对这一现象的首次心理学分析,这本书把这一现象看成整个希腊艺术的根据之一。二、对苏格拉底主义的认识——首次认识到苏格拉底是希腊消亡的工具,是典型的颓废派。用"理性"对抗本能。坚决主张"理性"就是埋葬生命的危险的暴力!——全书对基督教表示深沉的、敌意的缄默。它既非阿波罗,也不是狄俄尼索斯。它否定美学的一切——《悲剧的诞生》唯一承认的价值从最深刻的意义上说,基督教是虚无

---

① 阿波罗,希腊神话中的光明之神。——译者注

主义的，而狄俄尼索斯的象征却达到了肯定的最大限度。只有一次提到基督教传教士，说他们是"侏儒"、鼹鼠一类的阴险家伙……

二

这篇处女作非同一般。就我最内在的经验来说，我发现了有史以来唯一的比喻和对应物——因此，我是首次认识到狄俄尼索斯这一神奇现象的人。同时，由于我认为苏格拉底是颓废派，这就充分证明了，我对心理的把握是可靠的，不会受任何道德特质方面的侵害——因为我认为道德本身就是颓废的象征，这是认识史上的独创。我提出的双重性概念不知要比那傻瓜般的乐观主义对抗悲观主义的可怜饶舌高明多少倍！——我首先发现了这个特殊的对立——潜在的报复欲对抗生命蜕化的本能（基督教，叔本华哲学，一定程度上还有柏拉图①哲学，全部理想主义都是典型)和一个来自充盈和超充盈的、天生的、最高级的肯定公式，一种无保留的肯定，对痛苦本身的肯定，对生命本身一切疑问和陌生东西的肯定……这种最后的、最欢乐的、热情洋溢的生命肯定，不仅是至上的认识，同时也是为真理和科学所严格证实的认识，并且成了科学和真理的基础。有待清算的东西是不存在的，也不缺乏任何东西——因为在价值等级制中，为基督徒和其他虚无主义者所拒绝的生命因素甚至比颓废本能所肯定的(所能肯定的)东西更高一筹。理解这一点需要勇气，而勇气的条件是充沛的力。因为，只有在勇气许可的范围之内，在力所能及的范围之内人们才会接近真理。认识即对现实的肯定，对强者和弱者来说，都是不可少

---

① 柏拉图(前427—前348年)，古希腊哲学家，主要著作有《理想国》等。——译者注

的，正如在软弱灵感的影响下，弱者肯定要胆怯和逃避现实——"理想"一样……弱者没有认识的自由，因为颓废派离不开谎言——谎言是他们赖以维持的条件。——凡是对"狄俄尼索斯"一词不仅理解，而且借以认识了自身的人，用不着再去反驳柏拉图，或基督教，或叔本华——他会嗅出那霉变气味的……

## 三

因此，我是怎样发现了"悲剧的"这个概念，发现了关于悲剧心理这个有限认识的，下面我在《偶像的黄昏》中还要谈到。"肯定生命，甚至肯定生命的最陌生和最棘手的问题。要生命的意志即甘心牺牲最高的和无穷无尽的生命类型——我称其为狄俄尼索斯的，我认为，这就是通向悲剧诗人心理的桥梁。不是为了摆脱恐惧和同情，不是为了用激烈迸发来摆脱危险的冲动——这是亚里士多德①的误解——而是为了越过恐惧和同情,成为生成本身的永恒欢乐——这种欢乐本身也就包含着对毁灭的欢乐……"②从这个意义上说,我有理由认为我自己就是第一个悲剧哲学家——即悲观哲学家的敌人和对手。在我之前,没有人把狄俄尼索斯的激情转化为哲学的激情,即缺乏悲剧的智慧所致——我探索过比苏格拉底早200年的伟大的希腊哲学家们,找寻与我有关的征象,但都白费力气。我对赫拉克利特③保留一点怀疑,在这个人的近旁,我感到比别的什么地方更加温暖和舒适。肯定消逝和毁灭,这对狄俄尼索斯哲学来说是决定性的。肯定对立和战争,肯定

---

① 亚里士多德(前384—前322年),古希腊伟大的思想家、哲学家,柏拉图的学生,著有《工具论》《形而上学》等。——译者注

② 见《偶像的黄昏》第10章第5节。——译者注

③ 赫拉克利特(前540—前480年),杰出的古希腊哲学家,自发的唯物主义者。——译者注

生成,甚至坚决否定"存在"——无论如何,我在这里应该承认,他和我的思想十分接近。"永恒轮回"学说,即万物的绝对和无限重复循环——查拉图斯特拉这一学说,最终也可以说是赫拉克利特所主张的学说。起码斯多葛派①这个继承了赫拉克利特基本思想的学派就有这种明显的迹象。

# 四

这部著作表现了一种极其远大的希望。我简直没有任何理由打消对狄俄尼索斯的音乐未来寄以的希望。让我们放眼一个世纪,你们就会看到,我要消灭违逆自然亵渎人类的壮举定

---

① 斯多葛派因其创始人塞浦路斯的芝诺(约前336—前264年)讲学处所得名,即画廊派。早期斯多葛派是赫拉克利特、柏拉图和苏格拉底的混合体,在罗马帝国晚期则发展成为斯多葛主义,以伊壁鸠鲁为代表。——译者注

会成功。那崭新的生命之党，担当了最高天职，即掌管驯育人类权力的党，——包括无情地消灭一切败类和寄生虫的使命在内——将有可能在地球上重建生命的繁荣，这样就会使狄俄尼索斯现象再度出现。我预言，悲剧时代必将来临，因为，当人类经历了认为战争虽历尽千辛万苦，但又绝对必要这种意识之后，即不以为苦之后，肯定生命的最高艺术，即悲剧，必将再生……有位生理学家也许会再加上一句话，即近年来，我在瓦格纳的音乐作品中听到的东西一概同瓦格纳无关了。假如说，我描写过狄俄尼索斯式的音乐，那是我在描写我所听到过的东西——我必须本能地把一切东西都变成我内心具有的新的精神。对此的尽可能确凿的证明，就是我写的《在拜罗伊特的瓦格纳》。凡是关于心理问题的重要段落，说的都是我自己——人们可以毫无顾忌地把出现瓦格纳的地方换上我的名字，或换上查拉图斯特拉。

酒神颂歌式的艺术家的整个形象,就是查拉图斯特拉的现作者的形象,用极其深浓的色彩绘出,以免时时触动瓦格纳的现实。瓦格纳本人是知道这一点的,他在这篇文章中认不出自己了。——同时,在我的查拉图斯特拉专家眼里"拜罗伊特思想"已经不是不可解释的概念了:变成了那伟大的日午,那出类拔萃之人献身最壮丽使命的时刻——谁知道呢?这是我还要经历的一次盛大节日的幻梦……开头几页的激情,是历史性的。第7页上谈到的目光,就是查拉图斯特拉本来的目光。瓦格纳,拜罗伊特,全德国的渺小可怜性,乃是反映未来的海市蜃楼的一片云朵。我本人性格的一切重要生理特征同瓦格纳相差不多——光辉夺目的和灾难性的势力并行。历史上没有任何人具有过权力意志,肆无忌惮的果敢精神,无限的认识力,而要行动的意志并不因而窒息。这篇文章所论述的都是预言:希腊精神行将再生,那些亚历山大的反对者必然出现，在亚历山大用剑斩断戈尔狄俄斯之结①以后，这些人又把希腊文化的戈尔狄俄斯之结重新结了起来……请聆听一下这世界历史强音吧，是它引出了"悲剧信念"（第4节）这一概念：在这篇著作中全是清一色的世界历史强音。这是最奇特的"客观性"。我自己是什么人，对此我有绝对的信心，这也反射到偶然的现实性上——关于鄙人的真理，来自恐怖异常的深渊。在第9节，我胸有成竹地描绘和预言了查拉图斯特拉的风格。对于查拉图斯特拉代表的结局，人类彻底的净化和奉献的一幕，人们永远不会找到有比第6节更好的表达方式。

---

① 戈尔狄俄斯之结：相传佛律癸亚王戈尔狄俄斯所结的难结，预言有能解此结者当为亚细亚之王，后马其顿王亚历山大大帝以剑斩断之，比喻快刀斩乱麻的意思。——译者注

# 《不合时宜的思想》

一

　　构成《不合时宜的思想》的四篇论文是彻底战斗性的。它们表明，我不是躺在床上做美梦的傻瓜，表明我以剑拔弩张为快事——也许同时表明，我是个具有危险而自由的腕关节的人。第一次(1873年)攻击的目标乃是德国的教育，当时我就对它报以无情嘲弄的一瞥了。因为它无意义、无实体、无目的，是一种纯粹的所谓"公共舆论"。假如以为德国人的成功证明这种教育有一定成绩，或者，证明德国人战胜了法国，那就没有比这更坏的误解了……第二篇不合时宜的文章(1874年)指明了我们科学活动方式的危险性，指明了这种方式侵蚀和毒害了生命的因素——生命受到了这种非人化齿轮装置、机械论、工人的"非人格化""劳动分工"这种伪经济学的危害。目的没有了,文化——是手段,现代的科学活动,变得野蛮化了……这篇论文第一次把"历史意义",把19世纪引以为自豪的"历史意义"看成病态,看成衰败的典型先兆。——第三篇和第四篇不合时宜的思想指出了更高的文化概念,重建文化的概念,提出了两个极端自爱和自我驯育的形象,也就是典型的不合时宜的类型。这两个人对他们周围的一切——"帝国""教育""基督教""俾斯麦"[①]"文治武功"——极端蔑视。——他们就是叔本华和瓦格纳,或者,一言以蔽之,尼采……

---

[①] 奥托·俾斯麦(1815—1898),普鲁士王国首相和德意志第二帝国宰相。——译者注

二

这四篇抨击文章最成功的,首推第一篇。它招来的大喊大叫,无论从什么意义上说都是引人注目的。我揭下了一个昌盛民族的伤疤——我认为,这个民族之所以得胜,并不是文化的结果,也许,是别的什么东西……反响来自各方面,不仅来自大卫·施特劳斯的朋友,我嘲笑这些人是温和的德国教育俗物的典型,简言之,是"新老信仰"的街头《福音书》作者(自从这篇文章出现了教育俗物一词以来,它在德语中生了根)。我给了符腾堡人和士瓦本人以致命的一击,因为他们的反应憨直而强烈,正如我预料的那样;普鲁士的反应则更聪明些——这些反应中带有更多的"柏林蓝"①。最无礼的要算莱比锡的一家报纸了,即臭名昭著

---

① 柏林蓝,系由黄红氰(亚)铁酸钾制造的名牌德国颜料。——译者注

的《边境信使报》：我为了稳住盛怒的巴塞尔人而煞费苦心。只有几位老先生，出于复杂的、部分无法明说的原因，坚决站在我一边。其中有格丁根的艾瓦尔特亨①，他明确表示，我的一击对施特劳斯是致命的。老黑格尔主义者布鲁诺·鲍威尔②，也遭到同样下场，从那时起，我就把他看成最先关心我的读者之一了。在他晚年时，他喜欢提起我的大名，譬如他喜欢提醒普鲁士的史学家冯·特莱奇克③先生，被他遗忘了的"文化"的概念可以找谁打听。关于这篇著作及其作者的令人费解和篇幅冗长的论述，

---

① 利希·艾瓦尔特(1803—1875)，德国东方学者和《旧约全书》学者。格丁根位于德国下萨克森州。——译者注

② 布鲁诺·鲍威尔(1809—1882)，德国唯心主义哲学家，著名的青年黑格尔派成员之一；1866年以后成为自由民主党人。——译者注

③ 亨利希·特莱奇克(1834—1896)，法国历史学家、政治家。——译者注

出自哲学家冯·巴德尔①的一位老门生之手,即维尔茨堡②的霍夫曼教授的笔下。他从这篇文章中预见了我的伟大命运——即引起危机,并对无神论做最后的决断,他认为办这种事,我乃是最本能、最无情的人。无神论是把我引向叔本华那里去的东西。——平时温文尔雅的卡尔·希尔布兰特③大胆而有力地称赞了我的著作,说它们最引人注目,最令人感受到巨大的刺激,他是最后一个通达人情的德国人,也是善于笔耕的人。人们在《奥格斯堡报》上见过他的文章,今天,人们也可以读到他那小心谨慎的文集。在这里,我的文章被说成成果、转折点、第一个自我意识和吉兆,是德国人对精

---

① 弗兰茨·冯·巴德尔(1765—1841),天主教神学家、哲学家。——译者注

② 维尔茨堡,位于德国巴伐利亚州,中有莱茵河穿流而过。——译者注

③ 卡尔·希尔布兰特(1829—1884),德国历史学家。——译者注

神事物的严肃性和激情的表现。希尔布兰特的文章对该文的形式,对该文表现出的成熟的审美和在区分人和事方面的完美技巧,赞不绝口。他称赞这是德语论战文章的杰作——表现在对德国人既危险重重,又有劝诫力的论战艺术之中。他信心十足,他说我有关德语退化的论述十分大胆,这对我是个激励(今天,他们扮演语言纯正派作家的角色,却连造句都不会),他同样蔑视这个民族的权威作家,他的文章以对我的勇气表示叹服作为结尾——称之为"无上的勇敢,竟把国之骄子送上了被告席"……本书的余威在我的一生中可称是无价之宝。从那时以来,竟然没人再敢来捉弄我了。人们缄默着,在德国,人们以忧心忡忡的谨慎态度来研究我。多少年来,我一直行使绝对的言论自由,今天,没有人有足够的行动自由——"帝国"内部就更没有了。我的天堂就在"我的宝剑投下的阴影中"……我的确曾把司汤达的一句箴言付诸实践:他劝诫世人,要以决斗的姿态步入社会。我是怎样选择我的对手的呢?选了德国的一流自由思想家!……其实,这样一来就首次发现了一种全新形式的自由思想。直到今天,没有什么比全欧洲和全美洲类型的自由思想家更使我感到格格不入的了。同这些人打交道就像同"现代观念"的那些不可雕的朽木打交道一样,我竟然处在深深的内心矛盾之中,比同敌人打交道还要困难。他们也想按照自己的公式来"改进"人类,按照自己的形象,他们甚至对我发动一场不调和的战争,反对现在的我和我要干的事情,假如他们明白——他们依旧相信"理想"……而我是反道德论者的第一个人——

## 三

我不想断言,《不合时宜的思想》中以叔本

华和瓦格纳为标志的两篇文章对理解这两个人,或者,对理解这两个人的心理真有特殊的用处——不过,也有个别的例外,譬如,我以深邃而可靠的本能指出,瓦格纳天性中的基本素质乃是表演天才,他的表现手法和意图就是这种天才的成就。其实,我本想用这篇文章达到一些与心理学完全不同的目的——独一无二的教育问题,一个新的自我驯养、艰苦的自我防御概念。用他的话来说,就是走向一条通往伟大和具有世界历史意义使命的道路。一般来说,我为了表达一种思想,为了多掌握一些公式、符号、语汇,利用研究叔本华的机会,在这个人那里找到了两个著名的、然而是很不确定的类型。这一点,最后以令人很不愉快的传说体在《不合时宜的思想》第三篇[①]作了暗示。同样,柏拉图也曾利用苏格拉底的名字作为表达

---

① 见《不合时宜的思想》第 7 节。——译者注

柏拉图的一种征候。——现在，当我间隔一定的距离来回顾那种心理状态时，——这本书就是那种心理状态的证据——我不想否认该书主要讲的就是我自己。《拜罗伊特的瓦格纳》一章乃是我对自己未来的幻觉；相反，《作为教育家的叔本华》却记录了我内心深处的历史，记录了我的发展，尤其是我的发愿！

……我今天是什么样子，我今天待在什么地方——我立于高山之上，那儿我不再用语言，而是用闪电来讲话——啊！当时我距离这一点多么遥远啊！——但是，我曾经看见过这块陆地——我并无一刻对航路、海洋、危险有所迷惑——我要成功！那曾许诺过的伟大的平静，那是对未来——它不应仅仅停留在许愿的阶段——的幸福展望！——每个字的含义都在这里得到了体验，深刻的、内在的，其中不乏创痛之感，这就是那些血染的字句。但是，一阵伟大自由之风，刮走了一切；创伤本身没有起阻碍作用。——我所理解的哲学家就是一堆可怕的炸药,它危及一切。我要把自己关于"哲学家"的概念,同一个包括康德在内的概念截然分开,更不要说学院派的"反刍类"和别的什么哲学教授了。因为,这本书对这些问题的作用是不可估量的。甚至可以认为,这里根本不是"教育家叔本华",而是"教育家尼采"——即叔本华的对立面——在讲话。——鉴于当时我的职业还是学者,也许还鉴于,我认为自己的职业就是突然出现于该书中的严肃的学者心理的一部分,这不是无谓的。因为,它表达了距离感,即对我的使命、手段、插曲和附带事物等的深信不疑。为了能够一元归一——为了能取得成果,我做了不少努力,迁徙过很多地方,这就是我的聪明所在。在特定的时期,我也一定要当学者。

《人情味的，太人情味的》
及其两个续篇

一

《人情味的，太人情味的》这本书是危机的里程碑。它被认为是给自由精神写的书，其中每句话都标志着一次胜利——借此，我清除了不合于我本性的东西。理想，就不适合我的本性。这本书的题目的意思是说，"在你们看到理想事物的地方，我见到的却是——人情味的，啊，太人情味的"！……我对人认识得更清楚些了……"自由精神"一词只能解释为变成自由的精神，一个重新掌握自己命运的人。本书的声调、语气都有所改变，人们一定会认为它聪明、冷静，有时很生硬、冷嘲热讽。一种高雅审美的精神性，似乎始终反对地上的更为激烈的潮流。从这种关系上说,本书赶在伏尔泰①逝世一百周年纪念日发行,似乎有些不大合适,却很有意义。因为,同以后的作家相反,伏尔泰首先是个精神贵族:和我一模一样。——伏尔泰的名字出现在我写的一本书中——这的确是一种进步——使我自己进了一步……假如你看得更仔细一些,就会发现一个无情的人,他能窥见精神隐身的一切缝隙——好像是理想赖以隐身的堡垒和最后的避难所。手握火炬,它没有明灭迟疑的光,而是一道耀眼的光柱,直射理想的地狱。这就是战争。但是,这场战争没有火药,没有硝烟,看不见好战的姿态,没有激情和残肢断臂——这一切本身或许仍然是"理想主义"。错误,接连被打入冷宫,理想却得不到驳斥——它冻僵了……譬如,"天才"冻僵了;另一角落,"圣徒"冻僵了;"英雄"在冰柱下冻僵了;最后,

---

① 伏尔泰(1694—1778),法国自然神论哲学家,启蒙运动的著名代表人物。——译者注

"信仰"冻死了,所谓"信念",还有"同情",都一凉到底了——"自在之物"几乎在所有的地方都被冻死了……

## 二

开始写这本书的时间是在拜罗伊特音乐节①的那几周里,我对包围着我的环境深感生疏,这是我写这本书的原因。凡是了解那时在我经过的道路上掠过何种幻影的人,就会想象得到,有一天会有拜罗伊特醒来的感受。往事就像一场幻梦……方才我是在什么地方?我什么也认不出了,我几乎认不出瓦格纳了。我徒然地搜索自己的记忆。特利晋森——幸运者的遥远的

---

① 指1876年8月在拜罗伊特举行的第一届瓦格纳音乐节。——译者注

小岛,没有一点相似的痕迹了。奠基典礼①时的那些无与伦比的时光,这个志同道合的小团体在欢庆奠基典礼,人们没有一点心思去触动那敏感的事件:连一点相似之处都找不出了。发生了什么事?——人们把瓦格纳的名字德国化了!瓦格纳的崇拜者压倒了瓦格纳!——德国的艺术啊!德国的大师啊!德国的啤酒啊!……在我们这些局外人中间,凡是了解瓦格纳艺术底细的人,都诧异地发现瓦格纳披上了德国"道德"的外衣,因为他在同无比诡谲的艺术家、审美宇宙政治论讲话。——我想,我是了解瓦格纳派的,我已"经历过"这样的三代人了,从那个已故的、把瓦格纳混同于黑格尔的布伦德尔②起,直到把瓦格纳混同于自

---

① 拜罗伊特瓦格纳音乐节大剧场于1872年5月22日举行奠基典礼。——译者注

② 弗兰茨·布伦德尔(1811—1868),德国作曲家,瓦格纳和李斯特的崇拜者。——译者注

身的拜罗伊特报界的"理想主义者"们——我听到过"美丽的灵魂"各式各样的关于瓦格纳的表白。那是个会说漂亮话的王国！——其实他们是一个令人毛骨悚然的团体！诺尔、波尔，金玉其外的科尔！①一堆废物！其中不乏怪胎，更不乏反犹主义者。——可怜的瓦格纳啊！他陷得多么深了啊！愿不要变成蠢猪！但却与德国人为伍了！……最后，为了启迪后人，倒是应该剥制一具真正拜罗伊特人的标本，最后保存在酒精里；因为缺乏酒精……外面标明：人们赖以建立"帝国"的人就是这个样子……够了！虽然有一位风度翩翩的巴黎少妇试图安慰我，我还是在此期间外出了几周，突然得很；我只是发了一封致命的电报向瓦格纳致歉。在波姆林区一个幽深的僻处克林恩布隆，对德国

---

① 诺尔(1831—1888)、波尔(1826—1896)是当时的作曲家；科尔是傻瓜、废物之意。尼采用这种谐音来表示轻蔑。——译者注

人的忧伤和轻蔑使我不能自胜,就像患了一场大病一样——偶尔也在我的笔记上,在《犁头》这个总标题下,写上一句话,纯粹生硬的心理学,也许在《人情味的,太人情味的》[1]中会见到它们。

## 三

当时我的决断,绝不是单纯同瓦格纳一刀两断——那时,我感到我的本性完全误入歧途了。由此而来的个别失误,不管叫瓦格纳也好,叫巴塞尔大学教授也好,都只不过是一种符号。我心中的烦躁情绪侵袭着我。我意识到,这是该我反省的时候了。我恍然醒悟,大惊失色,多少时光已经白白逝去了——我的语言学家生涯同我的天赋相比,显得多么微不足道,多么

---

[1] 书名从作者本意来看,应译为《人情味的,太人情味的》比较好。——译者注

自作主张啊！对这种虚伪的谦恭，我感到无地自容……10年过去了，精神的营养在我身上已经完全陷于停顿，我没有学到任何有用的东西，我只顾钻研那些废纸一般的学问了。忘怀了许多事情，荒唐无比。用一双有毛病的眼睛，小心翼翼地在古希腊韵文中摸索——我就是这么过来的啊！——我顾影自怜，形销骨立。在我的知识内部恰恰缺少现实性，而"理想性"只适合魔鬼的口味！——一种焦灼的渴望攫取了我。其实，从那时起，我干的无非是生理学、医药学和自然科学——只有当天职无情地强迫我时，我才又重新回到独特的历史研究中来。当时，我也第一次发现，自己选择的违背本能的活动——一种到头来终要胜任的所谓"职业"——同那种通过麻醉术(譬如瓦格纳的"艺术")来麻痹空虚感和饥饿感的需要之间是有联系的。当我小心翼翼地环顾四周时，我发现，对很多小伙子来说，也存在着同样的困扰。因为，一种对天性的违逆，会强迫人们采取第二种形式。在德国，更确切地说，在"帝国"，很多人注定要过早地选择职业，然后，在一副无法推卸的重担下颓唐下去……这种人需要瓦格纳就像需要鸦片制剂一样——他们忘却了自身，他们暂时远离了自身……我在说些什么啊！费了五六个小时！

## 四

当时，我的本能决心无情地反抗一种为期更长的屈从、同流合污、自我误解。任何一种生活、最不利的条件、疾病、贫困——我觉得这一切都比不值一文的"忘我性"要好。起初，我由于无知，由于年轻，误入忘我性的歧途。后来，我则因为惰性，即所谓"义务感"而不能自拔。——这时，那种从我父亲那里继承下来的害人的遗传性，根本说来即注定早死的遗传性,以令我赞不绝口的方式,及时地帮了我的大忙。疾病渐渐把我自身解脱出来了,它使我避免了任何决裂、任何强暴和令人讨厌的步骤。那时,我没有丧失亲切之感,而且受益匪浅。同时,疾病给予了我改变我的全部生活习惯的权利,值得庆幸;疾病允许我、给予我忘却的本领;疾病馈赠我以静卧、悠闲、等待和忍耐的需要……不过,这就叫思维!……我的眼睛使我和读书生涯——用德语来说就是哲学——绝了缘分:我从"书"中超脱了,我常年不再读书了——这是迄今为止我给自己提供的最大的恩惠!——最低下的自我似乎被埋葬了;由于随时随地必须听从另一个自我(这就叫阅读)——低下的自我变得沉寂了,又慢慢地、怯生生地、迟疑恍惚地苏醒了——然而,最后他又说话了。我平生从来没有像在病魔缠身、痛楚欲绝时期那样幸福过。人们只要读一读《朝霞》,或《漫游者及其影子》,就知道什么叫"返回自身"了：最高贵的自我康复！……其余的康复，只不过是它的结果罢了。

## 五

《人情味的，太人情味的》，它也是无情地自我驯化的纪念碑，借助它，我断然割弃了自身的一切"高级骗术""理想主义""美好的情操"以及别的女性化的东西。该书的大纲是在索伦托[①]海滩上写下的，该书的结论和最后的形式完成于巴塞尔。那是个冬天的日子，同索伦托相比，当时的环境简直糟到不能再糟的地步。彼得·加斯特那时还在巴塞尔大学就读，他帮了我的大忙，为该书竭尽心力。我额上缠着绷带，头痛异常。由我口授，他来记述、勘误——他简直就是实际的编者，我不过是作者

---

① 索伦托，意大利地名，滨海城镇，位于那不勒斯海湾。——译者注

而已。手稿完成,送到我手上时,使我这个身患重病之人惊奇不已,由我来寄发,其中两册邮送拜罗伊特。真是奇迹般的偶合,我也收到一本装帧精良的《帕西法尔》,上面有瓦格纳的亲笔题款:送给我,"他最忠实的朋友弗里德里希·尼采。教会参事理查德·瓦格纳"。——这两本书交相互赠,对我来说,就像听到了不祥的声音。这响声不就像两剑交锋的撞击声吗?——就在这个时候,拜罗伊特的首批报纸发行了:我心中明白,为什么这是千载难逢的机会。——令人难以置信!瓦格纳成了虔诚的教徒……

## 六

当时,1876年,关于我对自己的看法,我以多么大的信心恪守我的天职和世界历史的重担,这一整本书就是证明,尤其在说理透彻的一节中。尽管,由于我本能的机智,我在这里还是一再避免用"我"这个可爱的字眼,并且,这一次放射着世界历史光芒的不再是叔本华,或瓦格纳,而是同我的朋友,杰出的保尔·瑞①博士打交道——幸而他是一头异常精细的动物,以至于……别人则不这么精细:在我的读者中,譬如,典型的德国大学教授中,我识别出一批不可救药的人来。我一向的根据是,这些人把上文提到的那一节,把这一整本书,自作聪明地看成进步的保尔·瑞主义②……其实,我这本书同我朋友的原理发生矛盾之处达五六条之多。人们可以查考一下《道德谱系》的序言。——那里写道:最果敢和最冷静的思想家之一,《论道德感的起源》一书的作者(参见尼采《第一

---

① 保尔·瑞(1849—1901),德国心理学家,著有《心理观察》《论道德感的起源》等。——译者注

② 这个词的德语发音同"现实主义"相似,一语双关。——译者注

个反道德论者》),通过对人的行为的深入透彻的分析,到底得出了什么主要原理呢?他认为"道德的人并不比肉体的人更接近睿智世界——因为根本就没有这样一个世界……"。这句话在历史认识的锤击(参见《对一切价值的重估》)下变得坚韧和锋利,也许在未来的某个时辰——1890年吧!——它可以当斧头使用。这柄利斧会斩断人类"形而上学的需要"的老根——是人类之福,还是人类之祸,谁能料到呢?但不管怎样,这是一句后果重大的名言,可怕而有益,它用双重眼光观察世界,一切伟大的认识都具备这种眼光……

# 《朝霞》
## ——论道德即是偏见

一

我以《朝霞》开始了我反对道德的进军。并不是说它本身有什么火药味——人们会在它身上闻到一种独特的异常可爱的气息,假如你的鼻孔稍微灵敏点的话。既非大炮,也不是小炮。假如该书的作用消极,那么,它使用的方法却不是这样的,这些方法起的作用像是推论,不像是放炮。有人说,在同该书告别时,要格外小心那些在道德的名义下一向被尊崇,甚至被顶礼膜拜的东西,这同下列事实并不矛盾,即全书没用任何一个否定字眼,没有抨击,没有阴险的用心——该书宁可说像是躺在沙滩上晒太阳,安详而愉快,就像海兽在巉岩间享受温暖的阳光一样。说实在的,我本人就是这海兽。书中差不多每句话都是在热那亚附近的群岩中构思出来的、挖掘出来的。我独自一人待在那里,同大海协商计议。直到现在,每当我偶尔触及该书时,心中都觉得每句话都变成了钓钩,我用它会从深渊中钓出无与伦比的东西来:它全身的皮肤会随着因回忆而生的小鸡皮疙瘩颤抖。作为该书前提的艺术并非雕虫小技;它是轻盈、悄然无声、一掠而过之物,是我称之为稍纵即逝的神圣蝎虎星座般的时辰——绝不要带有希腊青年之神的残酷,因为他径直用长矛刺穿那可怜的蝎虎星座。但总要用带尖刺的东西,用鹅毛笔吧……"居然还有这许多没有播洒光华的朝霞"——这句印度格言写在该书的扉页上。该书的作者又到什么地方去寻找新的黎明、那迄今为止还未被发现的朦胧曙光、那作为一日之始的曙光呢?——啊!那一连串白昼,那全新的白昼的整个世界!要到重估一切价值中去寻找，到摆脱一切道德的价值中去寻找，到肯定和相信一切迄今为止被禁锢、受轻视、遭诅咒的东西中去寻找。这本肯定之书，对纯粹的坏事放出光芒，发散它的爱抚、它的温存；它赋予坏事以"灵魂"，让良知、高尚的权利和特权重归于生命。用不着攻击道德了，没有人再去理会道德了……该书以"是不是呢？"作为结束语——这是唯一用"是不是"作结束语的书……

二

我的天职就是为人类准备一个最高自决的时刻，一个伟大的日子，届时，将瞻前顾后，将摆脱偶然性和教士，将第一次全盘提出"原因""目的"这样的问题。这种天职是来自如下认识的必然结果，即人类不会自然而然地走上正路；人类根本不受神性的控制；毋宁说人类是受了自身的否定本能、腐朽本能、颓废本能等神圣无边的价值概念的诱惑和主宰。因此，对我来说，道德价值的起源问题乃是根本性的问题，因为它决定着人类的未来。以往，人们要我们相信，本来万物都处于最佳的境遇当中；要我们相信《圣经》这本书会给人以最后的慰藉，使人类命运得到天佑神助，得到神性的智慧。可是当把《圣经》还原为现实性的时候，它就是一本扼杀与《圣经》相悖的那可怜一面的真理之书了。这真理说，迄今为止，人类一直处在最坏的境遇中，即他们受制于那些败类，那些狡黠的报复者，那些所谓"圣徒"，那些咒世派和害人精。教士们（包括隐藏的教士，即哲学家们）不仅主宰特定的教区内部事务，而且无所不至，颓废道德即没落意志被奉为本来的道德。上述现象的产生就是决定性的征兆，是绝对的价值，它处处使利他主义得计；它又是敌意，即对利己主义的损害。凡是在这一点上与我的意见相左的人，我便认为他得了传染病……但是，世间无人和我意见一致……对一个生理学家来说，这种价值观的对立是毋庸置疑的。假如在有机体内部，有个最小的器官哪怕有一点懈怠，不能牢靠地实施自我保存、精力得不到补充、"利己主义"不能得到贯彻，那么，整个有机体就会蜕变。生理学家要求割弃蜕变部分，他要否定同蜕变体讲团结，他丝毫也没有对蜕变体的同情。但是，教士就想要整体和人类产生蜕变，因此，他要保留那日渐蜕变的东西——以达到统治人类的目的……假如那些骗人的概念，即道德的辅助概念，如"灵魂""精神""自由意志""上帝"等，不去在心理上腐蚀人类，它们还有什么意义呢？……假如人们不是郑重其事地对待自我保存、强调肉体也就是生命的力；假如人们用贫血症来虚构理想,由对肉体的蔑视来"医治灵魂",那这除了是一副颓废药方,还能是什么呢?——丧失重力,反对自然本能,"忘我性"——总之,这就是迄今为止的道德……我以《朝霞》为发端,开始了对非我化道德的战斗。

《快乐的科学》

《朝霞》是一部肯定的书,深奥、明快而亲切。《快乐的科学》在极大程度上也是如此。该书的每句话都巧妙地把深奥同戏谑结合在一起。有一首诗表达了对我经历过的、那奇妙无比的元月的感激之情——全书都是元月的馈赠——它满意地流露出"科学"是由何等深邃的思想出发才变得快乐的:

> 用你火焰之矛,
> 摧毁我灵魂的寒冰;
> 向最高希望之海,
> 灵魂怒吼狂奔;
> 始终比以前明朗、健壮,
> 在深情中必须自由自在——
> 如是灵魂颂扬你的奇迹,
> 你最美丽的元月!

这里所说的"最高希望"是什么？凡是有能力对这一点提出疑问的人，他就会看到《查拉图斯特拉如是说》第四部分结尾的第一句话，它发出了妙不可言的钻石般的光华——或者，他读到第三部分结尾处那花岗岩般的句子，一种适用于一切时代的命运，就是借助它才使自身第一次纳入公式的——《福格尔伏莱王子之歌》①，这首诗歌的绝大部分是在西西里岛写下的，令人易于记取普罗旺斯语中"gaya scienza"②这个概念，忆起歌手、骑士和自由精神三者的统一体。由于这一特点，普罗旺斯人光辉灿烂的早期文化，一反一切模棱两可的文化异军突起；尤其是诗歌的最后部分，《致米

---

① 见《快乐的科学》附录。——译者注
② 普罗旺斯语："快乐的科学"。——译者注

斯特拉尔》①,这是一首无拘无束的舞曲,在这首诗歌中——恕我冒昧直言!——道德任人踩在脚下,这是不折不扣的普罗旺斯主义。

---

① 弗里德里克·米斯特拉尔(1830—1914),法国新普罗旺斯语诗人和百科全书学家,普罗旺斯语革新运动的创始人。——译者注

# 《查拉图斯特拉如是说》
## ——一本写给所有人的书，也是无人能读的书

一

现在我来谈一下查拉图斯特拉的故事。《查拉图斯特拉如是说》这部著作的宗旨是**永恒轮回思想**,也就是人所能够达到的最高肯定公式。它成形于 1881 年 8 月间,我把它写在一张纸上,下款题词"距人和时间的彼岸 6000 尺"。那天我穿过西尔瓦波拉纳湖[①]边的林带,在距苏尔莱[②]不远的一块金字塔般兀立的岩石旁停住脚步。就在这个当儿,这一思想在我心中油然而生。——回想此前的几个月中,我已预感到,作为先兆,我的审美有了一个突然的、决定性

---

① 西尔瓦波拉纳湖,位于瑞士上恩加丁山区。——译者注

② 苏尔莱,位于西尔瓦波拉纳湖的东南。——译者注

的变化,尤其在音乐方面。人们也许可以把整个查拉图斯特拉算作音乐的范畴;——显然,其先决条件就是我的听觉艺术的再生。1881年春,我是在距维森查和雷夸罗①不远的山区小型疗养地度过的。在这里,我同我的作曲名手彼得·加斯特——同样也是一位再生者——一起发现,这个长生鸟②音乐披上了比它以往更轻盈、更灿烂的羽毛,从我们身上飞掠而过。假如说,从这天算起,直到1883年2月,在毫无希望的情况下突然降生为止——该书结尾部分,也就是我在序言里引用过的那一部分,这神圣的完稿时刻,也恰在理查德·瓦格纳病逝于威尼斯期间——也就是说,这本书酝酿了18个月之久。

---

① 维森查和雷夸罗均系意大利威尼斯西部的小城镇。——译者注

② 埃及神话:长生鸟500年后自焚为灰,然后自灰烬中再生。——译者注

也就是 18 个月这样一个数字，促使我，起码从佛教徒的观点来看，产生了这样的念头，即我本来就是一头母象。——其间还穿插了《快乐的科学》的写作，几乎有上百种迹象是无与伦比的。它最终还促成了查拉图斯特拉本人的出世。该书第四部分倒数第二句格言，产生了对查拉图斯特拉的基本构思。——同时，还穿插了《生命颂》的乐曲创作(混声合唱和混合乐队)，它的总谱两年前由 E.W. 弗利茨在莱比锡出版：它也许是我在这一年的精神状态下的、不无意义的象征。当时我内心孕育着无比特殊的肯定激情，我称之为悲剧激情。今后有一天，人们定会唱着这支颂歌怀念我。——听说人们有某种误解。我要明确指出，歌词不是我写的，它出自当时同我要好的年轻俄国女郎路·冯·莎乐美①小姐的令人惊异的灵感。凡是能够在最后几句歌词中悟出某种含义的人,定会明白,我为什么对这首诗如此偏爱和赞美。因为,它包含着伟大。痛苦不可当作生命的障碍:"你再也没有剩下幸福留给我了吗?那好,你还会有痛苦的……"这里,也许我的音乐也变伟大了(A——竖笛最后一个曲谱不是 C 调,而是 cis 调,此系印刷错误)。——这年冬天,我是在静谧的拉帕罗海湾度过的。这儿距热那亚不远,海湾于沙瓦利和波尔多弗诺岬角之间楔入陆地。当时,我的健康不是处于最佳状态。这年冬天,天气寒冷,淫雨霏霏,我所在的小饭店离海边不远,大海的涛声使我夜不成寐。总之,差不多是我希望的反面。尽管如此,这却几乎证明了我所说的话,即一切决定性的东

---

① 路·冯·莎乐美(1861—1937),原系俄国人,长年客居瑞士、德国,写过小说,曾一度是尼采的女友,后来同弗洛伊德有过交往,病逝于格丁根。——译者注

西都是在"逆境"中产生的。是年冬,在不利的情况下,我的《查拉图斯特拉如是说》诞生了。——每天上午,我都沿着朝南方向通往左格里的宽敞大街漫步,登上山冈,穿过松林,远眺大海;每天下午,只要健康状况许可,我总要沿着桑塔玛格里塔至波尔多弗诺岬角滨海漫步。这个地方和这里的风景,由于深受腓特烈三世的喜爱,就更贴近我的心田。1886年秋,当我最后一次访问这被遗忘的小小幸福乐园时,我又偶然来到海岸边。——查拉图斯特拉的整个雏形,就是我沿着上述两条路线漫步途中的产物,更确切地说,首先,查拉图斯特拉本身就是典型:他袭击了我……

二

要了解这种典型,必须首先弄清他的生理学前提:也就是我称之为伟大的健康的东西。

我在《快乐的科学》第五章结束语①中,对这个概念做了最恰当、最典型的解释。"我们这些新人,无可称谓的人,叫人难以理解的人",——自己这样称谓自己——"我们是一种尚未证明过的、未来的早产儿,为了达到新的目的,我们需要新的手段,即新的健康,比以往所见的更强壮、更敏锐、更坚毅、更勇敢、更愉快的健康。一个在精神上渴求经历迄今为止全部价值和合意性的人,一个渴望环航这理想主义的地中海各口岸的人,一个想从亲身经验中了解冒险的人,就像一个理想的征服者和发现者要求的那样。同时,也像一个有艺术家、圣徒、立法者、智者、学者、虔诚信徒、老式神圣而怪异的人一样。这样的人,首先必备的东西就是伟大的健康——是这样一种健康,即人们不仅要具备它,而且要不断地获取和一定要获取的健康。因为它不断地消耗,不可能不消

---

① 见《快乐的科学》第382节。——译者注

耗……而今，我们在这个征途上走得很远了，我们这些理想的寻求金羊毛①的人，勇敢多于智慧，不时有舟覆船翻的危险。但是，如前所述，我们比别人认为的更为健康、出奇地健康，而且永远健康——看来，作为健康的报酬，似乎我们面前还有一个未经发现的新大陆，没有人知道它的边际，它是迄今为止一切理想大陆和理想角落的彼岸。那个世界充满着美、异、疑、恐、圣，以致我们的好奇心和占有欲达到了无法自已的程度——啊！以致欲壑难填了！……按照这种展望，并怀着在知识和良心上的热望，我们怎么能够对今天的人满意呢？这已经够糟的了，不过，更有甚于此者而又无法避免的，那就是我们不能真正郑重其事地正视与人最为相称的目的和希望，而且也许根本就不屑一顾……另外一种理想浮现在我们的面前，这

---

① 原意为"乘阿耳戈船的航行者"，系古希腊神话传说，指远航科尔喀斯寻求金羊毛的英雄们。——译者注

是奇妙的、有诱惑力的、危机四伏的理想。我们根本不打算说服谁去追求它，因为不会把这种权利轻而易举地给予谁；因为它仅仅是这样一种人的理想，他们憨直地即不由自主地，由于精力过于充盈和强大而把一向尊为神圣、善良、不可侵犯的东西当成儿戏。对他们来说，民众借以比较容易确定价值标准的那种至高无上的东西，就已经意味着危险、颓废、下贱化，或者，起码也像修身养性、浑浑噩噩、得过且过、优哉游哉之类了。而这种理想则是一种人生——超人的幸福和善意，它将会不时以十分非人性的形式出现于世。譬如，当它站在迄今为止的一切尘世信念之旁，站在一切迄今为止在举止、言辞、声音、目光、道德使命的庄严性之旁，俨然是它们的最真实的、非自愿的讽刺剧的时候，——总之，也许伟大的严肃性首先以这种理想为开端真的成了问题，心灵的命运变幻，时针转动，悲剧的帷幕拉开了……"

## 三

19世纪末叶,有谁对强大的时代,即诗人们所谓灵感提出过明确的概念呢?假如没有,我打算来做一番描述。——其实,假如一个人还带有哪怕一点儿迷信残余,他就几乎无法把认为人只是超强力的化身,口舌、媒介这种观念拒之于门外。启示这个概念,如果指的是某物以无法形容的可信性和高雅性一变而为可见、可闻的东西,具有极深刻的震慑力和降服力的东西。就这种意义来说,它所描述的是事实。人们只闻其声,而不寻其形;人们取之,而不问予者是谁。思想火花如雷电行空,带有必然性,以迅雷不及掩耳之势出现——我从来也没有过什么选择的余地。一阵兴奋后,随之而来的紧张有时会使人热泪盈眶,步伐随之身不由己,时而迅疾如风,时而慢条斯理。一种不完全的外在,夹杂无数细小的直达脚趾末梢的战栗和寒噤,这是独一无二的意识,一种深度的幸福。这时,再苦、再忧郁,都不起阻碍作用,而是起制约作用,起挑战作用。作为在这种光的充盈内部的必然色彩,作为韵律关系的、飞跨形式的、广阔空间的一种本能——长度,即对一种长跨度韵律的需要,几乎就是灵感这个暴力的尺度,一种对暴力造成的压力和紧张状态的调解……一切都是在极度无意识的情况下发生的,却都像是发生在一场自由感、绝对性、权力、神性的风暴中……形象和象征的无意识乃是最令人奇怪的东西。人们不再有什么是形象、什么是象征的概念了,万物都呈现出最亲近的、最正确的、最简单的表现。用查拉图斯特拉的话来说,这一切就像事物自己走向前来,自愿充当象征似的("这里,万物都来亲昵地同你说话,向你讨好,因为它们都想骑在你的背上。在这里,你跨上任何一匹象征之马,都可以到达任何真理;在这里,一切语汇宝藏都向你奔来;在这里,一切存在都想变成词汇;一切变化都想向你讨教说话的技巧")。这就是我关于灵感的经验之谈。我毫不怀疑,我要回溯数千年才能寻觅到那个有权向我说,"这也是我的经验"的人。

## 四

那以后,我在热那亚卧病了几个星期。接着,在罗马度过了一个抑郁的春天,差点儿要了我的命——真不容易。根本说来,这个地点对查拉图斯特拉的作者来说,乃是地球上最不适宜的地点了。我很生气,因为选择此地并非出于我的自愿,难以忍受。我设法离开——我本想去阿奎拉①,这是同罗马完全相反的概念,因为它的建造是出于对罗马的敌对。我有一天

---

① 阿奎拉,位于瑞士南部的阿尔卑斯山区,海拔2000米。——译者注

也要建造这样一座城市，以纪念一位无可指摘的无神论者和教会的敌人，一位我的近亲，伟大的霍亨斯陶芬皇帝腓特烈二世①。但不论怎么说，命运在捉弄我，我不得不返回罗马城。最终，我竭尽全力想寻找一个反基督教的地点的打算失败了，我只好勉强下榻在巴贝里尼广场②。我平素最害怕怪味，为了尽可能避开怪味，我在德尔奎里纳莱宫甚至向人打听过，适合哲学家的安静住房是否真的没有一间。——幸好，广场前部有一柱廊，凭栏眺望，罗马城尽收眼底，可以听见脚下广场喷泉的涌流声。那比以往都要寂寞的歌，夜歌，就是这次登临的产物。这时，总有一种莫可名状的忧戚的曲调，萦绕在我的耳边。曲调结尾的反复处，我选用了这

---

① 腓特烈二世于1212~1250年为德意志皇帝，为霍亨斯陶芬王族的中兴时代。——译者注

② 巴贝里尼广场，位于罗马市区，以教皇乌尔班八世(1568—1644)命名。——译者注

样的词句——"在不死性之前的黑寂……"夏天，我又回到了那块圣地，那块查拉图斯特拉之念的第一道划破脑际的闪电出世的地方，我发现了查拉图斯特拉的第二部分，只用了十天工夫。我写第一部分、第三部分和最后一部分，都没有比这多用一天。

第二年冬天，在尼查，在这使我生平第一次享受到生命光辉的天宇下，我开始并完成了《查拉图斯特拉如是说》的第三部分。全书耗时不到一年。尼查风光中的许多不知名的偏僻去处和山冈，消磨过我那难忘的时光。题为《新旧标牌》[①]的一节，十分重要，它是攀登从车站至摩尔人的奇妙崖穴伊扎时的产物。当创造力奔流如注时，我的肌肉始终敏捷异常。肉体兴奋鼓舞，我们就不去理会"灵魂"了吧……人

---

[①] 见《查拉图斯特拉如是说》第 3 部分第 12 章。——译者注

们经常可以看到我在手舞足蹈,那时我不知道什么是疲劳,七八个小时在山间盘桓成了家常便饭。我睡得很好,面带笑容,我神采奕奕,精神焕发而坚忍。

## 五

且不说这"十日一书"的创作,这个期间,即在写作《查拉图斯特拉如是说》和成书后的几年,是我生平最艰难的时期。要不朽,就要付出昂贵的代价,有生之年要为此死过多次才行。——世上有一种我称之为伟业的可恨性。因为一切伟业、一部著作、一个行动,一旦臻于完成,便立即掉转头来反对行为的主体。因为后者创造了前者,因而后者变弱了——他没有力量坚持自己的事业了,他不再能直面自己的事业了。人们从不敢设想的事情,关系人类命运症结的事情一旦完成——那就轮到自己了！——事业几乎会置自身于死地……伟业的可恨性！——另一件事，就是笼罩耳际的可怕沉寂。孤独感有无数层厚皮，刀枪不入。你向人群走去，你向朋友问候，这是新的荒野，兴致索然，充其量不过是一种反抗的表示。我在不同的程度上领略过这种反抗的表示，而且差不多是从我身边的每个人那里领略。似乎世上没有什么比突然划清界限更叫人难受的了。——不享尊荣就活不下去，这样的高贵者是不多的。——第三件事，就是皮肤对微小刺激的荒唐的敏感性，即对一切小事表现得束手无策。我觉得这种现象是由抵抗力消耗过度引起的，因为消耗是一切创造性活动的前提，是发自内心深处最基本的行为。因此，不大的抵抗力如果出现闪失，就再无力补充了。——我冒昧地说，人们的消化就会日益恶化，就更不愿意运动了，尤其会听任冷酷和怀疑情绪的支配——在许多场合，这种情绪不过是一种病源学问题。在这种状况下,我有一次感觉到,由于温和亲切思想的复归而接近了群畜,甚至在我还没有见到群畜的时候:因为群畜是含有内在的温情的……

## 六

该书完全自成一体。不要去理会诗人们吧。因为,他们也许从来就没有过来自力的充盈的作品。在这里,我的"狄俄尼索斯"概念成了至高无上的伟业。用它来衡量涉及整个人类的其他事业,都显得贫乏和有限。我是说,在这种激情洋溢中和高山绝顶之上,歌德、莎士比亚可能会喘不过气来;但丁①同查拉图斯特拉相比,不过是个皈依者而已,而且也不是首先创造真理的人,不是世界的统治者,不是生

———
① 但丁(1265—1321),意大利文艺复兴时代的著名诗人,代表作为《神曲》。——译者注

命——；编纂《吠陀经》[①]的诗人们，是一帮教士，他们连给查拉图斯特拉脱鞋的资格都没有。所有这一切，都不足论，而且都没有距离感，清高的孤独感。可是该书的生命即在于此！查拉图斯特拉永远有资格说："我在我的周围划上圆圈和神圣的界限；同我共登更高山巅的人，越来越少——我要用日益神圣的山峰建造一道山脉。"[②] 我认为，就是汇集一切伟大的心灵的精神和物质财富，也不足以创造出查拉图斯特拉的妙语来。他用来升降的云梯，长度无限；他比一般人看得远、想得多，收效显著。他，这位最善于肯定的人，每句话却都意在否定。在他内心，一切同新统一体是相对立的，又都是

---

[①] 《吠陀经》，印度最古老的宗教文献和文学作品的总称，"梵文"和"知识"的音译。最古老的《吠陀经》本集共四部，成书于公元前 18 世纪到公元前 6 世纪。——译者注

[②] 见《查拉图斯特拉如是说》第 3 部分第 12 章第 19 节。——译者注

相互联系的。人性的最高和最低的力、最甜美的东西、最轻佻和最可怕的东西,皆来自不息的、稳定的源泉。在那以前,人们不会知道什么是高低贵贱,更不用说真理了。就是人类的佼佼者,也难以猜出已经有人预言了的真理的启示。在查拉图斯特拉以前,没有智慧,没有对心灵的研究,没有说话艺术可言。因为,最熟悉、屡见不鲜的事物,如今说出了闻所未闻的事情。诗句,因激情而战栗;雄辩,谱成了音乐的乐章;闪电,提前朝着迄无人知的未来进射。以往最有力的象征力,同语言形象化的自然回归相比,都显得贫乏和无足轻重。——请看查拉图斯特拉,他是怎样从山上走下,向每个人讲述他最善意的话的吧!看他自己是怎样温和地对待他的敌人即教士的吧!是怎样同他们一起受苦的吧!这里,无论什么时候,人都是被超越了的;这里,"超人"的概念变成了现实。——人身上一向被称之为伟大的东西,在无边的远方，在人的下方。恬适的性情、轻捷的步伐、无所不在的肆虐和放纵，以及其他一切对查拉图斯特拉这类人来说比较典型的性格，向来无人梦想过，而这些东西乃是伟人的本质。查拉图斯特拉就是在这个空间范围内，在同敌对者的和解中，认为自己就是一切存在物的最高典型的。假如你听见，他是怎样论断自己这类人的，那就不会再去寻求与他相匹敌的人了。

拥有最长梯子的心灵，也就能下得最深……

兼容并蓄的心灵，就能在自身之内恣意驰骋，

最贫乏的心灵，由于心怀欲望而跌进偶然的怀抱，

存在的心灵，想投入变易，拥有的心灵，企求满足和渴慕之情，

逃脱自身的心灵，在最宽阔的环形轨

道上追赶着自身,

　　最智慧的心灵,愚者向他倾诉最甜蜜的话语,

　　最自爱的心灵,万物皆在其中潮涨潮落,顺流逆流——①

但这就是酒神狄俄尼索斯概念的本身。——另一种考虑也会导向这个方面。查拉图斯特拉式的人提出了下述心理学问题:在言辞上和行动上极端否定一向为人们所肯定的一切而又无所作为的人,怎么还能是一种与否定者相反的人呢!一个肩负命运的重担又认为使命便是灾祸的人,怎么还是最轻松的和最彼岸性的人呢!——查拉图斯特拉是一位舞蹈家——假如一个人对现实具有最严厉、最可怕的见识,假如他具有"深邃无比的思想",难道在现实中

---

① 见《查拉图斯特拉如是说》第 3 部分第 12 章第 19 节。——译者注

还看不出生命的障碍、生命的永恒轮回的障碍吗？——甚至发现永远肯定一切事物本身的理由，"这无限的肯定和祝福"……"我把我的祝福的肯定带进一切至深之处"……再说一遍，但这就是酒神狄俄尼索斯的概念。

## 七

这样一种人，假如他自言自语，他将用什么语言呢？纵酒狂歌的语言。我是这种纵酒狂歌的发明者。请留意，查拉图斯特拉在《日出之前》[①]是怎样自言自语的。这样一种宝石绿的幸福，一种神性的温柔，在我之前是无人能言的。连这位狄俄尼索斯发自肺腑的叹息，也会成为纵酒狂歌的诗章；我举《夜歌》[②]这不朽之

---

① 见《查拉图斯特拉如是说》第3部分第4章标题。——译者注

② 同上第2部分第9章标题。——译者注

声为例,因为没有光与力的充沛,由于不具有太阳的本质,就注定了不得去爱。

    这是夜:现在一切喷泉高声吟唱。我的心灵也是一股喷泉。

    这是夜:现在一切爱者的歌声荡漾。我的心灵便是一位爱者的歌。

    心中有一种不宁静、不能平静的情绪,它要高声呼喊。一种对爱的渴求,在我心中诉说着爱的话语。

    我是光明:啊,但愿我是黑夜!但这是我的寂寞,我为光明所环绕。

    啊,假如我是黑暗,我是夜!我是怎样想吮吸光明的乳汁啊!

    而我将如何来赐福你们,小小的星斗和萤光!而且欣喜你们得到光明之赐。

    但我居于我自身的光明之中,我会收回我散去的光焰。

我不知道受施者的幸福；而时常梦想偷窃肯定，比受施者更快乐。

由于我从不停止赠予，所以我贫穷；因为我看着期待的眼睛和渴求灿烂星空的夜，所以我忌妒。

啊，一切赠予者的不幸！啊，我的日食！

啊，对欲望的渴求！啊，饱足中的饥饿！

他们从我手中索取，可我触及他们的心灵了吗？受施和赠予间隔着一条鸿沟；最小的鸿沟终将变为坦途。

饥饿从我的美中生出，我想使受我光照的人痛苦，我想劫掠我所赠予的人——也就是说，我对作恶如饥似渴。

假如你们向我伸出手，我就缩回我的手：就像瀑布，在跌落中还迟疑——也就是说，我对作恶如饥似渴。

复仇，出自我的充盈、诡谲，因为我寂寞。

我的施舍之乐,在赠予中寂灭,我的道德因其过盈而倦怠!

时常赠予的人,有失掉羞耻感的危险;时常布施的人,心和手会布满施舍磨出的胼胝,变得麻木不仁。

我的眼睛不再为求乞者的羞耻而流泪;我的手变得厚硬,感觉不到受施者的颤抖。

我眼中的泪水何处去了,我柔和的心沉到何处去了?啊,一切赠予者的寂寞!啊,一切发光者的沉默!

在荒凉的空间,多个太阳在旋转;它们用各自的光芒向一切黑暗发话——而它们对我是沉闷不语的。

啊,这是光芒对发光者的仇视:光芒无情地追逐着自己的轨道。

内心深处不能公正对待发光者,对太阳冷漠——每个太阳都这么运动吗?

太阳们如风暴一般沿轨道疾驰。它们遵循着自己不屈的意志,这就是它们的冷漠。

啊,黑暗者,昏夜者,这便是你们,从发光者获取热量,啊,你们开始吸取光明的乳汁和滋养!

啊,寒冰环绕着我,我的手因严寒而焦灼!啊,我心中热望,我渴求你们的热望。

这是夜:啊,我必须是光明!渴望暗夜者!渴望寂寞!

这是夜:我的渴望泻如清泉——我要说。

这是夜:现在所有的喷泉都在高声吟唱。而我的心灵也是一股清泉。

这是夜:现在一切爱者的歌声荡漾。我的心灵也是一位爱者的歌。[①]

---

[①] 见《查拉图斯特拉如是说》第2部分第9章《夜歌》。——译者注

## 八

从来没有人赋出过这样的诗句,没有人有过这样的感受,没有人有过这样的遭遇。只有神祇,酒神狄俄尼索斯有这样的遭遇。对太阳在光明中的孤独感的狂热赞美的回答就是阿莉阿德尼①……除我之外,谁知道阿莉阿德尼是什么人!……一切诸如此类的谜,过去无人能解,我甚至怀疑,过去有谁在这里看到过谜。——查拉图斯特拉明确地确定了自己的使命——也就是我的使命,可不要误解了它的意义:查拉图斯特拉就是肯定,甚至为一切既往辩护,甚至超度这一切。

我在那些作为未来人的片段中走过:

---

① 阿莉阿德尼,希腊神话中克里特王米诺斯之女,与提修斯相爱,由于她设下的羊毛线,使提修斯得以逃出迷宫。——译者注

我憧憬的未来的片段。

我把那些片段、谜、可怕的偶然连贯起来，统一为诗，而这就是我所有的诗和志。

假如人既非诗人，也不是解谜人和偶然性的救主，那我怎么耐得住做人的局面呢？

拯救既往，并且把一切"过去的"转化为"我本想要做的！"——对我来说，只有如此，才称得上是拯救。[①]

在该书另一处地方，他尽可能严格地确定了对他本人来说人可以成为什么——不是爱的对象，更不是怜悯的对象——查拉图斯特拉也成了厌恶人的伟大的主宰。因为，在他看来，人是不伦不类的东西，是原料，是需要琢磨的丑陋石块。

---

① 见《查拉图斯特拉如是说》第 2 部分第 20 章。——译者注

不再欲求，不再评价，不再创造：啊，这种极度的无所作为与我永不相干！

在认识过程中，我感觉到的仅仅是我的意志的创造和发展的欲望；假如我的认识中有纯真，就会是如此，因为这里面就寓有创造意志。

这种意志引诱我离开了上帝和诸神：因为，假如真有诸神存在，还创造什么呢？

但我内心的创造意志，总是驱使我去面向人；就像驱使锤子敲击石块一般。

啊，你们人啊！对我来说，好像石块中暗睡着一个形象，众象的形象！啊！它应当睡在最坚硬、最丑陋的石块中！

现在，我的锤头愤怒而残酷地向他的囚牢锤去，石块溅出碎屑：对我来说，这算得了什么！

我想成全他，因为一个影子朝我走

来——万物中最宁静和最轻盈者向我走来!

超人的美,作为影子向我走来:诸神还同我有什么相干呢?……①

我提出最后一个观点:因为上文加了着重号的那行诗句提出了这个问题。就狄俄尼索斯式的使命来说,坚硬的锤子,即甚至以断然方式热衷于毁灭的欲望乃是先决条件的一部分。命令式:"你们要坚强些!"一切创造主都是坚强的,这种起码的信念,就是狄俄尼索斯本质的本来特性。

---

① 见《查拉图斯特拉如是说》第 2 部分第 2 章。——译者注

# 《超善恶》
## ——未来哲学序曲

一

　　从今以后的任务，已规划得尽可能紧凑了。在我的使命中的肯定部分完成之后，使命的否定部分(用言语和行为去否定)就提上了日程。重估一切价值，这是一场大战——唤起那决定性的一天吧！这里也包括环顾四周，不慌不忙，寻找同道，寻找由于强大而有助于我从事毁灭工作的那些人。——从那时起，我的一切著作都好比是香饵：也许我也像某人一样精于垂钓之道？……但假如没有钓到东西，那可不是我的过错。那是无鱼可钓。

## 二

该书(1886年)从根本上讲是对现代的批判，包括现代科学、现代艺术，甚至现代政治，同时提出与它们对立的类型。他要尽可能地摩登，他是这种高贵而肯定的人。在后一种意义上说，该书是高等人的读物——这个概念比以往所认为的更具精神性、更激进。人们要经得起这一概念，则体内必须具备这种勇气，他必须无畏才行……时代引以为自豪的一切，譬如，那有名的"客观性""对天下受苦人的同情"，带有其对异己审美的卑顺和对细微小事屈服的所谓"历史意义"，即所谓"科学性"。——假如你想一想，该书是继《查拉图斯特拉如是说》而写的这一事实，那么你也许会猜想到，该书的产生要归功于合乎卫生的生活方式。过去叫巨大的强制惯坏了的千里眼——查拉图斯特拉比沙皇更远视——现在不得不用来观察最近的物体，要敏锐地把握时代和环境。人们将会在各部分中，尤其在形式上发现产生查拉图斯特拉的同样任性的背叛的本能。在形式、意图、沉默艺术中，精练完美被认为是主要的；心理受到残酷无情的对待——该书连一个温和的字眼都没有……这一切都使力量壮大：谁知道，挥霍像查拉图斯特拉这样的财宝需要怎样的恢复呢？……用神学的话说——请注意，我是不怎么用神学家的口气说话的——那是上帝自己在一天工作完了以后，以蛇形蜷曲在知识树下。这样，他从当上帝的状态中恢复过来了……他把万物都造得过于完美了……魔鬼，是上帝第七天懈怠的产物……[①]

---

① 《超善恶》即是拟定中的《重估一切价值》一书的导言，也就是《80年代遗稿》的导言。——译者注

# 《道德谱系》
## ——未来哲学序曲

构成《道德谱系》的三篇论文,就其表现形式、写作意图和一鸣惊人的艺术技巧来说,也许是拙作中的佼佼者。酒神狄俄尼索斯也是黑暗之神,这你们是知道的。——凡是文章的开头,都应当把人引入迷途,开头都是冷静的、科学的,甚至是冷嘲热讽的、故作姿态的、有意拖延的。渐渐地,不安增多了;不时有闪电出现;十分令人不快的真理,来自远方,带着沉闷的嗡嗡声,声音越来越大——最后,达到疯狂的程度。这种情况下,一切都以极度的紧张奔驰前行。到后来,每一次都在吓人的、震耳欲聋的霹雳声中,透过密布的乌云窥见一种新的真理。第一篇论文的真理就是基督教的心理学:基督教,源出于忌妒仇恨,并不像有人认为的那样,源出于"精神"——就其本质来说,它是反抗,一种对高贵价值的统治的大反叛。第二篇论文讲的是良知的心理学:它也并非像有人说的那样,是什么"人心中的上帝之声"——它是残忍的本能,这种本能无法向外发泄,便掉转回头。这里,残忍第一次表现出文化基础中的一种最古老的、最必不可少的因素。第三篇论文是答复下列问题的,即禁欲主义理想、教士理想的无限权力是谁给的,尽管这种理想极为有害,它是灭绝意志的一种颓废理想。答案是:这种理想之所以有力,并不像一般人想象的那样,是因为教士的背后有上帝在撑腰,是因为没有比它更好的东西。不得已而为之——因为过去它一直是唯一的理想,因为它没有竞争对手。"因为人宁可寄希望于子虚乌有,也比什么都不想要好"……主要原因是,查拉图斯特拉出世以前,缺乏一种相反的理想。——你们知道我的意思吧。一个为了重估一切价值的心理学家,为此目的准备了三篇决定性的论文。——该书包括了教士最初的心理。

# 《偶像的黄昏》
## ——怎样用锤子进行哲学阐述

一

　　这本不到150页的书,就像一个狞笑的恶魔,语调铿锵而带有灾难性。它成书时间如此之短,短到几乎可以忽略不计,而该书的确非同一般。没有哪一本书比它更富于实体,更独辟蹊径,更具颠覆性,更放肆!假如有人想约略知道,在我之前万物是怎样头足倒置的,那么,他可以从这本书开始。本书扉页上所说的偶像,简言之,就是一向被称为真理的那种东西。偶像的黄昏——用德国话来说就是:陈旧的真理行将灭亡……

## 二

可以说,没有任何现实性,没有任何"理想性",是该书不涉及的(涉及:好一个谨慎、委婉的用语!……)。不仅涉及那些永恒的偶像,而且涉及那最年轻的因而也是最年老体衰的偶像。譬如,"现代观念"。大风吹过树林,果实——真理——随处掉落。这是对丰盛秋收的浪费。你在真理堆中跌跌绊绊,有些甚至在你脚下惨遭不测,因为真理太多了……但是,你抓到手的东西,再没有疑问了,这就是决断。只有我才握有真理的标准,只有我才能决断。就好像我生出了第二意识,就好像我的"意志"点燃了一盏明灯,照亮了自己爬过的陡坡。所谓陡坡——别人叫它通向"真理"之路……完结了,那模糊不清的"激情",善良的人并不知道真正的道路……① 认真说来，在我以前，谁也不知道真正的路，这向上之路：从我开始，才又有了决定希望和使命的文化之路——我是这一文化的快乐使者……正因如此，我也是天数。

## 三

就在该书完稿不久，我不失时机地开始了承担重估一切价值的大任。心怀无法形容的自豪感，我的不朽，我随时满怀着信心，以对命运抱有的信心，把一个个符号铭刻在铁制牌匾之上。序言写于 1888 年 9 月 3 日清晨，写下以后就远足去了。我发现上恩加丁给予我的最美好的一天——晴朗透明，色彩斑斓，北国冰封与南国温煦的交错杂陈，融为一体。——由

---

① 见歌德《浮士德》，人民文学出版社 1978 年版，第 17 页："一个善人，他在摸索之中不会迷失正途。"——译者注

于山洪阻延,直到9月20日我才离开西尔斯-玛利亚。因此,最后我堪称是这奇妙宝地的唯一游客,我要感谢这圣名之赐。在经历了一个充满意外事件——甚至在深夜抵达科莫[①]时还遇上了有生命危险的洪水——的迂行之后,于9月21日午后到达都灵,我的宝地,从那时起成了我的家。我住进了春天住过的房子,即卡尔洛·阿尔贝托大街6号3室,面对着雄伟的卡里格纳宫,这是维多利奥·伊曼纽[②]的诞生地。可远眺卡尔洛·阿尔贝托广场,并向上伸延,直至山丘以外。我尘装甫卸,即刻投入工作:只剩全书的1/4尚未完稿。9月30日,大功告成;我创造的第七天;我就像上帝一般,信步波河岸边。就在这一天,我写完了《偶像

---

① 位于瑞士、意大利接壤的意大利一侧,米兰以北。——译者注

② 维多利奥·伊曼纽,意大利第一任国王。——译者注

的黄昏》的序言,我在 9 月份的休养就是校对此书。——我还没有经历过这样的一个秋天,也从未想到能完成这样的奇迹。——克劳德·洛兰[①]的一幅风景画,无边无际,撩人遐思,每天都同样的奔放、完美。

---

① 克劳德·洛兰(1600—1682),法国浪漫派、早期印象派画家。——译者注

# 《瓦格纳事件》
—— 一个音乐家的问题

一

要正确认识《瓦格纳事件》一书，人们应当为音乐的命运担忧，就像为不愈合的伤口感到痛楚一样。——假如我为音乐担忧，那创痛到底是什么呢？创痛就是音乐被剥夺了它那圣化世界、肯定世界的性格，就是因为它成了颓废之音，不再是酒神狄俄尼索斯的笛声了。……但是，假如认为音乐这样的事业就是自己的事业，就像他自己的受难史，那么，就会发现这篇文章是考虑周详而异常谦和的。在下述场合，则是明快的、善意的自嘲——即笑颜诉苦的时候，在这种场合，实话实说就是为一切强硬辩护——笑颜诉苦就是人道本身。难道有谁不相信，我，作为一名老炮手，把我的重炮瞄向了瓦格纳吗？——在这一事件上，我对一切决定性的东西持克制态度——我热爱过瓦格纳。——但抨击一个精明的、外人很难猜到的"未知者"，这毕竟是我的使命的意义所在，是我的使命无法逾越的事情——啊！我还应该揭发全然不同的另外几位"未知者"，音乐上的一位卡里奥斯特罗[①]——当然更要抨击在精神方面日渐怯懦、本能日渐虚弱、日渐老成的德意志民族。它一直有一个令人称羡的好胃口，以对立物为滋养，将"信仰"与科学性，"基督之爱"与反犹主义，权力意志(即建立"帝国"的意志)与小人的《福音书》，一股脑儿地吞了下去，竟然没有引起消化不良……在这些对立物之间不偏不倚！好一个中立化的胃口和"忘我性"！好一个德国味的公正，竟然把平等权给予了每一个人——它一切都是可口的！……毫无疑问，

---

① 亚历山大·卡里奥斯特罗伯爵(1743—1795)，意大利冒险家，西西里岛的大骗子。——译者注

德国人都是理想主义者——我最后一次访问德国时发现,德国的审美正致力于把平等权授予瓦格纳和基辛根的吹鼓手;为了对一位货真价实的和最最德意志的音乐家——古老意义上的德意志,不单是帝国德意志——亨利希·许茨①大师表示敬仰,在莱比锡筹建了李斯特协会,用以培植和传播狡猾的②教会音乐,我本人就是见证……毫无疑问,德国人都是理想主义者……

## 二

不过,这本书里不应有任何东西妨碍我变得粗犷,我要向德国人说几句不中听的大实话:

---

① 亨利希·许茨(1585—1672),德国作曲家,作品多为宗教体裁。——译者注

② "李斯特"的德文发音和"狡猾的"相似,尼采用谐音一语双关。——译者注

因为，谁也不会干这样的事的！——我要谈一谈他们在历史科学中的胡来。德国的历史学家完全失去了对文化进展、文化价值的伟大眼光。不仅如此，他们还是政治上的(或教会上的)傻子，他们甚至根本不许具有这种伟大的眼光。人们首先应该是"德意志的"，是这个"种族"，然后才可以在历史科学中决定一切价值和非价值——即由他们确定有价值和无价值；"德意志的"，这是论据，"德国，德国高于一切"，这是原则，日耳曼人是历史上的"道德世界秩序"；对罗马帝国而言，它是自由的代表者；就18世纪而言，它是道德、"绝对命令"的中兴时代……德意志帝国的历史编纂学是有的。我担心，还有一种反犹主义的历史编纂学，——有宫廷历史编纂学，而冯·特莱奇克先生是不害臊的……前不久，历史科学出现了一种愚蠢的见解，是那位幸而作古的士瓦本美学家费舍①的一句话，即把德国报纸上的传言当成每个德国人都必须肯定的真理："文艺复兴和宗教改革，只有这两者相加才构成一个整体——即美学的再生和道德的再生。"我是耐着性子看完这番高论的。我感兴趣，我认为我有责任告诉德国人，他们都干了些什么蠢事。他们对400年来一切文化犯下了滔天大罪！而始终出于同样的原因，他们内心深处害怕现实，也就是害怕真理，是由于已变成他们本性的虚伪、"理想主义"在作祟……德国人剥夺了欧洲的果实，那离我们最近的伟大时代——文艺复兴的意义。那时，更高的价值秩序，那高贵的价值，肯定生命的、担保未来的价值，那些顶替了对立即堕落的价值地位的价值眼看就要取得胜利——而且一直

---

① 弗里德里希·泰奥多尔·费舍(1807—1887)，德国诗人、美学家。——译者注

深入取代者的本能深处！路德①，这个不祥的僧侣，他复兴了教会、基督教以及一切腐朽透顶的东西。就在它们垂死之际，——否定生命意志的基督教成了宗教——路德，这个不成体统的僧侣，出于他"不成体统"的原因，始而攻击教会，继而复兴教会！……天主教徒们倒是真有理由庆祝路德节，有理由演他的戏……路德——以及"道德的再生"！让一切心理学家见鬼去吧！无疑，德国人是理想主义者。——德国人有过两次机会，当他们凭着英勇顽强和自我克制取得了诚实的、明确的、完全科学的思维方法的时候，他们发现了通向旧"理想"的途径，发现了真理同"理想"的和解，从根本上说，也就是发现了摒弃科学、崇尚欺骗之

---

① 马丁·路德(1483—1546)，德国宗教改革的倡导者。——译者注

权的公式。莱布尼茨①和康德②——是欧洲正直理智的两大障碍!——最后,当横跨两个颓废世纪的桥梁上出现了一个更高的天才和意志的铁腕人物——而他出于建立全球政府的目的足以使欧洲成为一个政治、经济统一体——的时候,德国人用他们的"自由战争",使欧洲失去了意义,失去了拿破仑在世时那奇迹般的意义——因此,他们就得对今天产生的、存在的一切恶果负责,要为现存的反对文化这种病态非理性,即民族主义,这欧洲所患的民族神经官能症负责;为欧洲小国林立、渺小政治的永恒化负责。是他们剥夺了欧洲本身的意义,欧洲的理性——他们把欧洲带进了死胡同。——除

---

① 戈特弗里德·威廉·莱布尼茨(1646—1716),德国著名唯心主义哲学家、数学家和自然科学家。——译者注

② 康德(1724—1804),德国古典哲学的创始人,主要著作有《纯粹理性批判》《实践理性批判》和《判断力批判》等。——译者注

我之外,难道还有谁知道走出这条死胡同的路吗?……还有谁知道有一项极其伟大的、大到足以使欧洲各国重新联系起来的使命吗?……

## 三

总之,为什么我就不能表示我的怀疑呢?我看,德国人为了叫一个伟大的命运生下一只小老鼠,无所不用其极。直到现在他们才向我表示妥协,将来他们会不会把事情办好一点,我表示怀疑。——啊,为什么叫我当个拙劣的预言家呢!……我的当然读者和听众是俄国人、斯堪的那维亚人和法国人——他们这种趋势会越来越甚吗?——德国人,载入了认识论史册的,都是些模棱两可的人。这些人老是制造"不自觉的"骗局(这适用于费希特[①]、谢

---

[①] 约翰·哥特利布·费希特(1762—1814),德国古典哲学代表人物,主观唯心主义者。——译者注

林①、叔本华、黑格尔、施莱马赫②，也适用于莱布尼茨和康德；他们只不过是些制造面纱的人③）：德国人绝不应有这样的荣誉，因为精神史上第一个正直的精神同德国精神一致。四千年以来，在那种精神中，真理一直胜过欺骗。"德国精神"是我的碳酸气。处在这种本能化的心理不洁净的近旁，我喘不过气来。因为德国人一言一语、一举一动，都表现出不洁净。他们根本就没有像法国人那样，经受过17世纪严酷的自我考验——一个拉罗斯福哥④，一个笛卡

---

① 弗里德里希·威廉·谢林(1775—1854)，德国古典哲学代表人物，客观唯心主义者。——译者注

② 弗里德里希·施莱马赫(1768—1834)，德国哲学家和神学家。——译者注

③ "施莱马赫"德语发音同"制造面纱的人"相似，这里是双关语。——译者注

④ 拉罗什福科(1615—1680)，法国道德家和作家，著有《回忆录》《箴言》。——译者注

尔①,在诚实方面要胜过一流德国人千百倍,德国人到今天也没有过心理学家。但是,心理学乃是确定一个种族洁净和不洁净的标准……假如人不洁净,又怎么会有深度呢?在德国人那里,几乎就像在女人那里一样,是无法探求根底的。他们什么也不是,这就是一切。但是,他们根本够不上肤浅。——在德国称之为"深"的东西,就是对自身本能的不洁。我方才说过,他们不想了解自己。我岂不可以建议把"德国的"这个字眼当成支付这种心理腐败的货币了吗?——譬如,现在,德国皇帝称解放非洲奴隶为自己的"基督教义务"。在我们这些另一种欧洲人中间,就把这东西简称为"德国的"……德国人写过一本有深度的书吗?他甚至连什么叫一本书的深度都不懂。我结识过一位认为康

---

① 勒内·笛卡尔(1596—1650),法国著名二元论哲学家、数学家和自然科学家。——译者注

德有深度的学者。在普鲁士宫廷中,我担心,会认为特莱奇克先生是有深度的。假如什么时候称羡司汤达是深刻的心理学家,譬如,在我同德国大学教授邂逅时,我觉得他们好像根本没听说过这个名字一样。

## 四

为什么我不一干到底呢?我办事喜欢干净利落。做一名德国人的蔑视者,这甚至是我的意向。早在我26岁时,我就怀疑德国人的性格(见《不合时宜的思想》第3部分)。——对我来说,德国人是不成体统的。假如我设想出一类与我本性完全相反的人,那注定是德国人。我对人进行全面考核时,首先要看他体内是否具备距离感;他是否随时随地都看到人与人之间的等级、秩序;他是否高贵:因为这样他才能当贵族。否则他就无可救药地属于温良人了,啊！成了这个温顺的概念——庸众了。不过，德国人都是庸众——啊！他们是这样温顺……同德国人交往会降低自己的身份，因为德国人一视同仁……假如我把同几位艺术家（主要是理查德·瓦格纳）的交往除外，可以说没有跟德国人消磨过一刻愉快的时光……假如数千年来最深刻的精神真的出现在德国人中间，那神庙中的女救主也许会说，她那丑陋的灵魂起码也会受到同样的重视……这个种族我忍受不了，因为他们始终处于没有层次感的、拙劣的社交圈子中——天哪！我就是，层次，——他们脚下没有机智，根本不能走路……归根结底，德国人没有脚，他们只有大腿……德国人丝毫也看不到自己有多么卑鄙，可这一点就是卑鄙的顶峰——他们根本不以做德国人为耻——他们到处伸手，他们自以为了不起，我真怕他们也来决定我的命运……我整个一生就是对这些信条的绝对证明。我在他们身上搜寻对我的节奏感和细腻感的影子,白费力气。犹太人有,而德国人根本没有。我的本性想温和、友善地对待任何人,——我有不加区别的权利——但这并不妨碍我睁开眼睛。我不把任何人除外,起码对我的朋友是如此。——最后,我希望,这样做不至于有损于我对他们的人道!我始终引以为荣的,有那么五六件事。——尽管如此,下述事实却一直是真的,即我对收到的每一封信几乎都有冷嘲热讽、玩世不恭之感。与其说对我有某种仇恨,倒不如说是善意的讽刺……我对每个朋友都有话讲在当面,他们根本认识不到研究我的全部著作是值得的。我根据蛛丝马迹猜想,他们也许根本就不知道书里写的是什么。至于我的《查拉图斯特拉如是说》,我的朋友除了在那里发现了一种要不得的、幸而是完全无所谓的傲慢自负,有谁还见到了别的什么吗?……10年了!德国谁也不对这件事感到内疚,即要在荒谬的沉默面前维护我那被埋没了的名字。有个外国人，一位丹麦人却做到了这一点。首先他具有足够的本能的细腻和勇气，他对我那些所谓的朋友感到气愤……去年春天，哥本哈根的乔治·布兰德斯①博士开设了讲座讲授我的哲学，今天有哪一所德国大学能像他这样呢？这件事再一次证明，他是一位心理学家。——我本人对这一切绝不会感到不快；必然的东西不会伤害我的。热爱命运是我的本性。但这并不妨碍我对嘲讽的热爱，甚至是世界史性质的嘲讽。差不多就在那叫世界痉挛的、毁灭性的重估一切价值这一惊天动地的霹雳划破长空的前两年，我就把我的《瓦格纳事件》公之于世了，好叫德国人再次以永世误解我而求得自己的永垂不朽！正好还有时间这么干！——有结果了吗？——我的日耳曼先生们！出于高兴，让我恭维诸位几句吧……

---

① 乔治·布兰德斯(原名 Morris Cohon，1842—1972)，丹麦文艺评论家，对当时的丹麦思想界有很大影响，以宣扬尼采著称。——译者注

为什么我是命运

一

我知道我的命运。总有一天，我的名字要同那些对可怕事物的回忆联系在一起——对那史无前例的危机的回忆，对那最深刻的良心冲突的回忆，对那挑起与迄今为止一切被信仰的、被要求的、披上神圣外衣的东西对抗的、决断的回忆。我不是人，我是炸药——尽管如此，我的骨子里却没有了任何教主的意味——宗教是庸众的事。同信教人接触以后，我必须洗手……我不要任何"信徒"。我想，我不至于阴险到信仰自己的程度，我从来不同庸众说话……我很害怕，有一天人们会尊我为圣人。你们一定会猜想到，我为什么先将此书出版，就是叫它防止糟践我的事发生……我不想当圣人，宁愿当傻瓜……也许我就是傻瓜……而尽管如此，或者，宁可如此——因为以前，没有比圣哲更具欺骗性的了——我是真理的呼声。——但我的真理是可怕的，因为过去人们称谎言为真理。——重估一切价值：这就是我给人类最高自我觉悟活动的公式，这一活动在我身上已成为血肉和精神了。我的命运要我一定做一个规规矩矩的人，我应当知道，我是流行了千百年的虚伪的冤家对头。是我首先发现了真理，因为我认为谎言就是谎言——用鼻子闻出来的——我的天才在我的鼻端——我反对的东西，从来没人反对过，尽管如此，我却是否定精神的敌人。我是前无古人的快乐使者，我所认识的高尚使命迄今还没有个名目；从我开始又出现了希望。尽管如此，我不可避免要成为不祥之人。因为，假如真理同千百年来的谎言相争，我们一定会感受到梦想不到的强烈震撼，天翻地覆。那时，政治这个概念，将在一场精神之战中烟消云散。一切旧社会的权力产物会被炸得粉碎——因为它们都是靠谎言起家的。一定会有战争,有一场地球上从未有过的大战。从我开始,世界将会有伟大的政治出现。

## 二

人们想要为造人的命运列一个公式吗?它就在我的《查拉图斯特拉如是说》中。

——想在善和恶中做造物主的人,必须首先是个破坏者,并砸烂一切价值。
也就是说,最大的恶属于最高的善。不过,后者是创造性的善。

我是有史以来最可怕的人,这并不排除我也是个大慈大悲的人。我知道毁灭之乐,这种快乐的程度和我的毁灭力相当,——在上述两类情况下，我都服从我的狄俄尼索斯本性，它无法使无为与肯定隔离。我是第一位非道德论者，因此，我是地道的破坏者。

## 三

没有谁问过我，但人们本该问一问，在我口中，在第一位反道德论者口中，查拉图斯特拉这个名字到底是什么意思。因为，在历史上，这位独逸超群的波斯人的表现正好与此相反。查拉图斯特拉在善恶之争中第一个表现了推动万物运动的真正车轮——他把道德转译为形而上学的东西，作为自在的力、原因、目的，这就是他的工作。不过，从根本上说，这个问题的本身就已经是答案了。查拉图斯特拉创造了这个致命的错误，道德。因此，他也必定是认识这一错误的第一个人。这不仅是由于他由此获得了比通常一个思想家更久远、更多的经验——的确，整个历史都是对所谓"道德世界秩序"的经验的反驳——。更重要的是，查拉图斯特拉比通常任何一个思想家都更加真实。他的学说，而且仅仅是学说，具有作为最高道德的真实——这就是说，他具有同逃避现实的"理想主义者"的怯懦相反的东西。查拉图斯特拉所具有的勇敢，超过了一切思想家的总和。实话实说和有的放矢，此乃波斯人的美德。——你们知道吗？……道德自败于真实，道德家由于对立面的作用而自生自灭，这就是我对查拉图斯特拉大名的含义的论述。

## 四

从根本上说，我说的非道德论者这个词有两个方面否定。一方面，我否定以往称之为最高尚的人，即好人、善人、慈悲人；另一方面，我否定那种作为自在的、流行的、普遍认可的道德——颓废的道德,更确切地说,基督教道德。可以认为上述第二点更具有决定性的意义。因为一般说来,我认为高估善良和仁慈乃是颓废的结果,是虚弱的象征,是同奋发和肯定的生命背道而驰的。否定和毁灭乃是肯定的条件。——我首先谈一谈善良人的心理学。为了判断某类人的价值,应该同时把保存这类人的价格一并考虑在内——应该了解这类人的生存条件。善良人的生存条件就是谎言——。换句话说,死不愿意看到现实的性质,即不是为了随时向善良本能挑战,更不是为了随时让盲目而温顺的手去干预。把艰苦看成障碍,认为应予以消除,这种做法纯属胡来。总之,这是一种真正的不祥后果,一种愚蠢的命运。竟愚蠢到了如此程度,以至于就像出于对穷人的同情,而硬要老天爷风调雨顺一样……在伟大的总体经济学中,现实的可怕性(在冲动中,在渴望中,在权力意志中)远比微不足道的幸福这种形式(即所谓"善")重要得多;为了替"善"谋得一席之地(因为它是由欺骗本能所决定的),人们应当姑息迁就。利用适当机会,我将会为历史证明这种乐观主义的、非同寻常的不祥后果,这个真正善良人的怪胎。查拉图斯特拉首先认识到,乐观主义者也如同颓废者、悲观主义者一样,甚至可能更加有害。他说,善良的人不说实话。善,教诲他们站在缥缈的彼岸和安全感一边;你们诞生在、躲藏在善良人的谎话之中。万事万物皆受善良人的欺骗和蒙蔽。幸而世界不是按照下述本能,即只有温顺的群畜动物才在其中自得其乐的本能建造的;要求每个人都成为"善良的人",群畜动物,蓝眼睛、心地善良的"美丽的灵魂"——或者,像赫伯特·斯宾塞[①]希望的,成为利他主义的人,那就会使生命失去其伟大的性格,这

---

① 赫伯特·斯宾塞(1820—1903),英国社会学家、不可知论者、哲学家,著有《综合哲学体系》10卷。——译者注

就叫阉割人类，用那可怜的中国把戏来亵渎人类。——而这都是有人尝试过的！……这也叫道德……从这个意义上说，查拉图斯特拉有时称善良的人为"末人"，有时叫"完结之始"。他认为这是最有害的一种人，因为他们是以牺牲真理，也就是牺牲未来为代价而苟延于世的。

> 善良人——他们不能创造；他们永远是完结的开始——他们把重估一切价值的人钉上了十字架，他们牺牲了未来，他们把人的一切未来都钉上了十字架！
> 善良人——他们永远是完结的开始……
> 不论谤世者能干出什么坏事，善良人的危害都是最严重的。

## 五

因此，查拉图斯特拉，世上第一位善良人

心理学家,成了恶人的朋友。假如有个颓废类型的人要爬上最高类的品级,那么,这只有靠牺牲与他相反的类型即强大的肯定生命的人才有可能。假如群畜动物放出最纯洁的道德异彩,那么,出类拔萃的人就会被贬低为恶人。假如谎言为自己的未来着想,不惜工本地借用"真理"的名目,那么,就只能在坏到无以复加的名字下去寻找真实的人了。查拉图斯特拉在这一点上不允许别人提出任何怀疑。他说,正是这善良人的认识,这"最好的人"的认识,使人产生了对人的极端憎恶。这种怨恨使他生出羽翼,"飞向遥远的未来"。——他不隐讳,他这种人,即相对来说超人的类型,只有同善良人相比较而言才是超人的,而善良人和正义的人也许称超人为魔鬼……

你们最高等的人,我的目光落在你们身上,这意味着我对你们的怀疑和我私下的窃笑。我猜想,你们也许会称我的超人为魔鬼的!

你们的灵魂与伟人是如此的格格不入,以致超人的特异,在你们眼里也成了恐怖……

人们应当从这段话中和别的什么章节中,找到查拉图斯特拉的意向:他设想有那么一类人,按照现实的本来面目去构想现实。他强大到足以如此。他没有从现实中异化出去,脱离出去,他就是理想本身,他本身就具备现实的一切恐怖和疑问。只有如此,人才能够伟大……

## 六

——不过,我选取非道德论者这种称呼作为我的称谓和荣誉还有另一种考虑。我以拥有这超越全人类的称谓而自豪。至今无人知道，基督教道德是危及自身的，更不知道高瞻远瞩的、前所未有的心理学的深度和深邃性。过去，基督教道德是一切思想家的瑟西①——她们为他们效劳。——在我之前，有谁进入过散发理想谎世毒气的洞穴吗？有人敢想一想这洞穴吗？在我之前，哲学家中间有过心理学家吗？不都是后者的对头，即高等"骗子手""理想主义者"吗？在我之前从来没有过什么心理学。——当这里的心理学家，这是灾祸，至少也是一种劫运。因为，凡是做开山祖师的人，都看不起人。对人的厌恶，这是我的危机所在……

## 七

你们明白我的意思了吗？——我有别于其

---

① 瑟西，希腊神话中居住在埃西亚岛上的女巫师，一般用以比喻妖艳迷人的美女。——译者注

他人，我超越了其他人类的东西，就在于我发现了基督教道德。因此，我需要一个包含有向一切人挑战的字眼。以前，在这里没有睁着眼睛，我认为这是人类感到内疚的最大不洁，是本能化了的自我欺骗，是闭眼不看任何事件、任何原因、任何现实，不认为它们是原则的意志。这是心理学问题上的作伪，甚至是犯罪。盲目信奉基督教，此乃头号大恶——对生命的犯罪……除了历史上的五六次意外，——我是第七个意外——各时代、各民族、先驱者和后来人，哲学家和老妇们——在这个问题上都彼此无愧。基督徒过去一直是"道德的人"，是无与伦比的稀珍——作为"道德的人"，他让自己梦想的比世间最伟大的人类仇敌所梦想的还要荒唐、还要虚假、还要浮华、还要漫不经心、还要于己不利。基督教道德——欺骗意志的阴险形式，是人类本来的瑟西。因为它使人类堕落。错误之所以是错误，这并不是使我恼怒的原因，不是那个在取胜时泄露天机的精神事物长期缺乏"善的意志""驯育、礼貌、勇敢"等品质。——而是缺乏自然，这是十分可怕的事情，即反自然，它作为道德而享有特殊，并被奉为法则，当作绝对命令亘古悬在人类之上！……是用这样的尺度，即不是作为个人，不是作为国家，而是作为人类的迷误！……教唆人去蔑视生命这个首要的本能；为了损害肉体而捏造出"灵魂""精神"；教诲从生命的先决条件，即性本能中发现不洁；在无比深刻的繁衍必要性中，在严格的自私自利中（这个字眼就已经带有诽谤的意味了！）去寻求恶的原则；此外，却认为典型的堕落和矛盾的标志（即忘我）、失重、"非人格化"和"仁爱"（仁癖！）等是最高的价值。叫我怎么说呢！啊！是本来的价值！……这是怎么回事！人类本身果真陷入了颓废状态了吗？它过去一直是这样的吗？——有一件事是确定的，那就是人类受到的教诲，只认为颓废价值才是最高的价值。非我化的道德首先就是没落的道德，把"我走向毁灭"这一事实变成了命令："你们都应毁灭"——并且不仅仅变成命令！……这种迄今为止一直在宣扬的道德，这非我化的道德流露出"要毁灭的意志"，它彻头彻尾否定了生命。——这里只剩下一种可能性有待商榷，即不是人类处在蜕变过程中，而是教士这些寄生虫，打着道德的幌子装扮成价值决定者——他们认为，基督教道德乃是他们攫取权力的手段……其实，我认为：教师，人类的引导者——神学家也在其内——统统都是颓废派。因此，就把一切价值重估为对生命的敌视，因此，有了道德……道德的定义是：道德——颓废派的特质，其本意是报复生命——而且是卓有成效地报复。我看重这个定义。

# 八

——你们明白我的意思了吗？——我所说的每一句话，查拉图斯特拉早在五年以前就已说过了。——撕下基督教道德的画皮，这是破天荒的大事件，一场真正的灾难。在这一点上启了蒙的人，就是铁腕人物，就是天意——它把历史碎为两段。生于其前，生于其后……真理的闪电击中了过去的至尊。凡是悟出什么在那里遭到毁灭的人，也许会留神自己手里是不是还掌握什么东西。过去称之为"真理"的东西，如今成了最丢脸、最下流、最见不得人的谎言形式。"改良"人类这种神圣借口，乃是榨干生命的诡计、吸血的骗术。道德就是吸血鬼……揭示道德假面的人，同时也就揭示了一切人们过去和现在信仰的价值的无价值。他们认为最尊贵的、以神明自诩的人一钱不值。他们认为这些人是灾难性的怪胎。说这类人是灾难性的，是因为他们蛊惑人心……发明"上帝"这个概念，是用来反对"生命"的概念——"上帝"的概念包含着一切有害的、有毒的、诽谤性的东西，它把生命的一切不共戴天的仇敌纳入了一个可怕的统一体！"彼岸"的概念，"真实世界"的概念，是发明来诋毁这唯一存在的世界的——难道不给我们尘世的现实留下目的、理想和使命了吗？"灵魂""精神"，最后还有"不死的灵魂"，这些都是发明来蔑视肉体的，使肉体患病——"成仙"。而对于生活中值得严肃认真对待的事物，如饮食、起居、精神食粮、疾病治疗、清洁卫生、天气等等掉以轻心！不谈身体健康，只讲"灵魂健康"——我要说，这乃是介乎忏悔的痉挛和拯救的歇斯底里之间的循环性精神错乱症！"罪孽"的概念，包括相应的枷锁，即"自由意志"的概念，是发明来扰乱本能，使对本能的怀疑心变成第二天性的！"忘我者""否认自我者"的概念是颓废的特别标志，会诱发有害的事物，是对发现自身用途的无能，把自我毁灭变为价值的象征，变为"义务"，变为"神圣"，变成人中的"神性物"！最后——这是最可怕的事了——善良人这个概念被认为是一切懦夫、病夫、败类、自苦之人的集合体，即一切应当灭亡之人的集合体。淘汰法则被否定了，用矛盾建造了一种理想，以对抗豪迈的、卓越的、肯定的、对未来充满信心的、保证未来的人——现在则被称为恶人……而这一切竟被认为是道德！——消灭害人虫！①

## 九

——你们了解我了吗？——狄俄尼索斯是十字架上的耶稣的对头……

---

① 伏尔泰的一句名言。——译者注

# 尼采年表

### 1844 年 10 月 15 日
弗里德里希·尼采生于普鲁士萨克森吕岑附近的洛肯镇的一个牧师家庭,父名卡尔·路德维希·尼采。

### 1849 年 7 月 30 日
其父死于脑软化症。

### 1850 年
全家迁居瑙姆堡。

### 1858 年 10 月
入瑙姆堡附近的普夫塔文科中学就读。

### 1864 年 10 月
入波恩大学攻读神学和古典语文学。

### 1865 年 10 月
转学到莱比锡大学继续攻读语文学,开始接触叔本华的著作。

### 1866 年
开始同埃尔温·洛德交往。

### 1868 年 11 月 8 日
在莱比锡结识理查德·瓦格纳。

### 1869 年 2 月
破格被巴塞尔大学聘为古典语文学副教授。

### 5 月 17 日
初次到瑞士卢塞恩城郊的托里普森拜访瓦格纳。

### 5月28日
在巴塞尔大学发表就职演讲,题为《荷马和古典语文学》。

### 1870年
开始写作《悲剧的诞生》(1872年1月出版)。

### 3月
被聘为正教授。

### 8月
以志愿看护兵身份参加普法战争,因身染痢疾和白喉退役。

### 10月
回到巴塞尔大学,首次结识神学家弗兰茨·奥弗贝克。

### 1872年2—3月
在巴塞尔大学作题为《我国教育设施的未来》的演讲(后作为遗著出版)。

**5月22日**

参加拜洛特音乐节大剧场奠基典礼。

**1873年**

创作《不合时宜的思想》第一部《表白者和作家大卫·施特劳斯》《希腊悲剧时代的哲学》(片段。后作为遗著出版)。

**1874年**

创作《不合时宜的思想》第二部《论历史对生命的损益》和第三部《教育家叔本华》。

**1875年10月**

结识作家、音乐家彼得·加斯特(原名:亨利希·科泽利茨)。

**1876年**

创作《不合时宜的思想》第四部《瓦格纳在拜洛特》。

**8月**

出席首届拜洛特音乐节。

**9月**

进一步同心理学家保罗·雷交往。

**10月**

获假疗养疾病,同保罗·雷和玛尔维达·冯·梅森布格在索伦特过冬。同瓦格纳最后一次晤面。

**1878年**

创作《人情味的,太人情味的》第一部分。

**1879年**

病重,辞去巴塞尔大学教职。

**1880年**

创作《漫游者及其影子》和《人情味的,太人情味的》第二部分。

**3—6月**

首次在威尼斯逗留。

**11月起**

首次在热那亚过冬。

## 1881 年

创作《朝霞》。首次在瑞士恩加丁高山疗养地的西尔斯-玛丽亚度夏。

## 1882 年

创作《快乐的科学》。

### 3月

西西里岛旅行。

### 4月

结识路·冯·莎乐美。

### 11月

在意大利拉帕罗过冬。

## 1883 年

创作《查拉图斯特拉如是说》第一、二部分。

### 12月

首次在意大利尼查过冬。

**1884 年**

创作《查拉图斯特拉如是说》第三部分。

**8 月**

亨利希·冯·斯坦因到西尔斯-玛丽亚拜访尼采。

**1885 年**

创作《查拉图斯特拉如是说》第四部分。

**1886 年**

创作《超善恶》。

**1887 年**

创作《道德谱系》。

**1888 年 4 月**

首次在都灵逗留。乔治·勃兰克斯在哥本哈根大学开设有关尼采的讲座。

**5—9 月**

创作《瓦格纳事件》《酒神颂》(1891 年出

版)。8—9月创作《偶像的黄昏》(1889年1月出版)。9月创作《反基督的人》(1894年出版)。

### 10—11月
创作《看哪这人！》(1908年出版)。

### 12月
创作《瓦格纳事件》(1885年出版)。

### 1889年1月
在都灵患精神分裂症，收容在耶拿大学精神病院。

### 1890年5月
尼采的母亲接尼采至瑙姆堡。

### 1897年4月20日
尼采母亲去世。尼采迁居至魏玛其妹伊丽莎白·福斯特·尼采处。

### 1900年8月25日
逝世于魏玛。

# 《尼采后期思想文集》跋语

1991年在商务印书馆出版《权力意志》一书时,有一个《后记》附于书后,主要记述了首译时的艰苦历程。当时主编高崧先生很感兴趣,崇尚有加,令我不胜惶恐。如今,这部《文集》在中央编译出版社终于出版。这样,终于了却了一个近20年的心愿:提供尼采原著,为正确评价这位辞世99年的德国哲学家铺路,仅作为"引玉之砖"。可惜的是,一位忠厚长者已作古有年,感慨系之。

尼采是德意志民族在20世纪的杰出思想家,同时又是一个激进而焦躁的灵魂。要译述研究这样一个人,也必得经受同样的磨难,采用同样的激情,方可达到目的。上次出书以后,我大病了四年有余,险些送掉性命。这次出书,凌晨即起,从未度过周末……尼采说,爱,是"受难",是"找死"。我看译述研究尼采也是同样的"受难""找死",权作为与尼采相伴的一个纪念。我认为,尼采虽过于狂妄,虽然始终是从德意志民族的历史和观念出发,但他的生命哲学则是成功的。"生命本身,就是权力意志"——尼采如是说,这同"天行健,君子以自强不息"有相通之处。但要注意:"相通",不等于"等同",要作具体分析,正像"兴奋剂",不等于"营养品"一样。四川峨眉山上有副对联说:

> 文章到处精神老
> 学问深时意气平

就以此作为收束以资自勉罢。

最后，谨向联邦德国艾伯特基金会驻京办事处主任雷迪斯先生深表感谢，谢他慷慨赠书；谨向联邦德国驻华大使馆文化处施密特先生深表感谢，谢他为译者答疑。

张念东

1999年12月23日晨于北京